一个人，遇见一本书

TopBook
蓝书客

[美] 梁少熊 著

秦皇秦俑新探

A NEW EXPLORATION OF QIN SHI HUANG AND TERRA-COTTA WARRIORS

陕西新华出版传媒集团
陕 西 人 民 出 版 社

图书在版编目(CIP)数据

秦皇秦俑新探 /（美）梁少熊著．—西安：陕西人民出版社，2019

ISBN 978-7-224-13225-0

Ⅰ．①秦… Ⅱ．①梁… Ⅲ．①秦俑—研究
Ⅳ．①K878.94

中国版本图书馆CIP数据核字(2019)第101156号

责任编辑： 袁 刚 陶 书
封面设计： 哲 峰

秦皇秦俑新探

作　　者 ［美］梁少熊
出版发行 陕西新华出版传媒集团 陕西人民出版社
（西安市北大街147号 邮编：710003）
印　　刷 西安市建明工贸有限责任公司
开　　本 787毫米×1092毫米 1/32
印　　张 7
字　　数 150千字
版　　次 2020年1月第1版
印　　次 2020年1月第1次印刷
书　　号 ISBN 978-7-224-13225-0
定　　价 58.00元

本版说明

本书是《秦始皇新探》的修订版，是在第一版《秦始皇新探》初稿的基础上，更新资料，增补内容，重新编排整理后的新版本。新版本对秦始皇和兵马俑的资料都有所增加，故更名为《秦皇秦俑新探》。

前言

中华民族的历史文化、典章制度，无不根源于先秦时代。先秦时代中，又以百家争鸣、人才辈出的春秋战国时代对后世影响最为深远，而那段奇峰百出的历史也最为引人入胜。那是一个民族融合的大时代，那时天下战乱纷纷，秦楚赵燕，戎狄匈奴，互为敌国。今日中华各族已不分彼此，合为一家，凡我中华民族，不论身处何地，都应对先秦历史有所了解。如此才能立足现在，展望将来，为族人谋幸福。但我们对先秦的历史文化，了解又有多深呢？

姑且不论远古三代，就以一统先秦天下的千古一帝——秦始皇，而论，我们对他又知道多少？事实上，我们甚至不能确定他的生父是谁。我们真正知道他统一中国文字的前因后果吗？我们知道他性情孤僻多疑的根源吗？他全然是一个暴虐无道之君吗？他是怎样沉迷于不死之药的？他的陵墓中有些什么特殊情景？何谓下铜而置椁？对于他一生中的一些细节就更加不清楚了。荆轲刺秦王是大家耳熟能详的故事，但大家知道什么是“王负剑”吗？王负剑真的是像小说电影那样，秦王如游方道士一般，右手往上一伸，把剑从背上拔出来的吗？

自从兵马俑出土后，更是众说纷纭，莫衷一是。兴建兵马俑是谁的主意？整个工程用了多少年的时间？兵马俑是一支什么性质的军队，是宫廷护卫队，是咸阳守城军，还是另有其他任务？那是一支没有主帅统领的军队吗？为什么兵俑身材大都是如此高大健壮？秦军是如何出阵作战的？秦骑兵为什么不用长兵器？弩弓手为什么有短甲长袍之分？兵马俑发现至今，已有四十余年，我们现在能为这些问题提出一些合理的答案吗？

应该可以的。今人考古，条件远胜古人。古人考古，多在故纸堆中，咬文嚼字，寻章觅句。古籍虽好，但如不细加分辨，往往会穿凿附会，误入歧途，所以说“尽信书，则不如无书”。今人考古，除了原有记录（经典古籍）外，还有新近出土档案（书简，碑文）、现场物证（出土器物）、现代科学仪器，再加上团队合作，只要各种条件配合得宜、推理得法，案情便可水落石出，真相大白，今日考古人员顿成现代考古神探。

本书的目的，旨在澄清秦始皇时代一些事件的真相，指出其关键所在，对事件提出新的解释，但对一些显而易见，已有共识之事则不再多谈，以免浪费读者的时间。若因此而能抛砖引玉，引起大家对中华历史文化的兴趣，则善莫大焉！但因资料不全，才疏学浅，错误难免，盼读者诸君能不吝批评指教，以达到本书出版的目的。

中国文字承传数千年而不衰，自有其优越之处。著书立说，应多利用中文言簡意赅，要言不煩的优点，宜避免使用中英夹杂的混淆文字、纠缠不清的欧西语法，以及轻浮刻薄的油滑言语，一方面应对祖先历史文化存敬畏之心，另一方面不应浪费读者的阅读时间。

历史文化，国之命脉，语云：“欲灭其国，必先灭其历史；欲灭其族，必先灭其文化。”秦始皇时代的一些历史事件，虽只是历史长河中的点滴，沧海中的一粟，然而，人不可以无根，国不可以无史，历史事件并非全属偶然。见微知著，睹始知终，探讨历史事件，可以了解一个民族的兴衰因由。从秦皇到汉武，是中国历史上的一个大转折点，欲究天人之际，通古今之变，悟太史公一家之言，其中历史因由细节不可不知。

近来，行走在咸阳古道之上，徘徊于秦砖汉瓦之间，想起了前人诗句：“鸟下绿芜秦苑夕，蝉鸣黄叶汉宫秋。行人莫问当年事，故国东来渭水流。”只是，当年事，错综复杂，欲语还休，想问亦不知从何问起，而且欲问无门。于是自问自答，执笔成书。

目录

插图篇

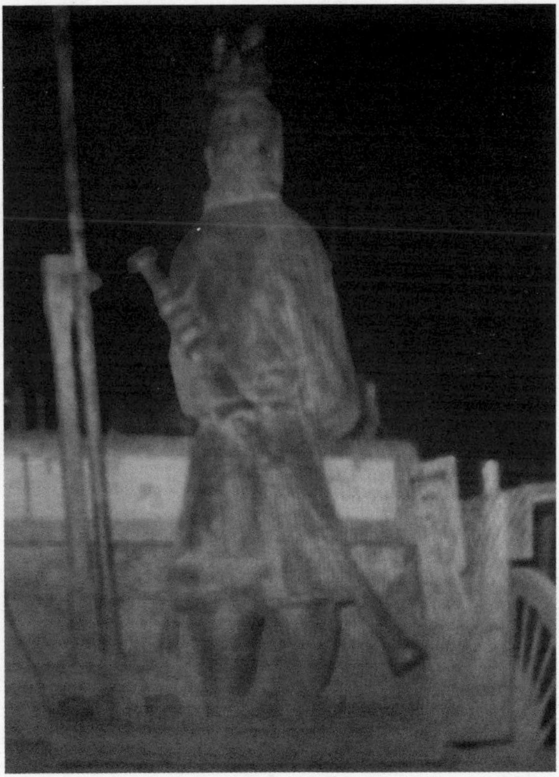

图一 立车御者佩剑图

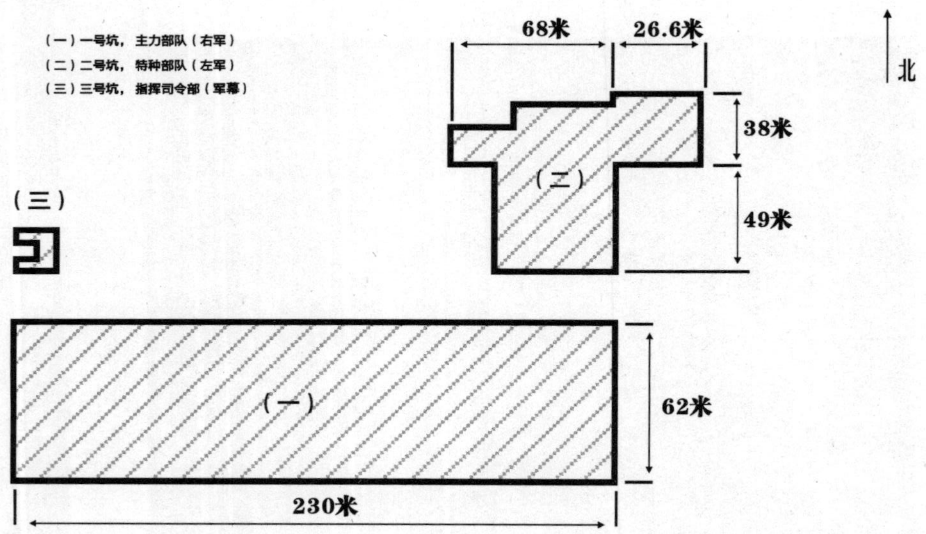
（一）一号坑，主力部队（右军）
（二）二号坑，特种部队（左军）
（三）三号坑，指挥司令部（军幕）
68米
26.6米
北
38米
49米
（二）
（三）
（一）
62米
230米

图二 兵马俑三坑示意图

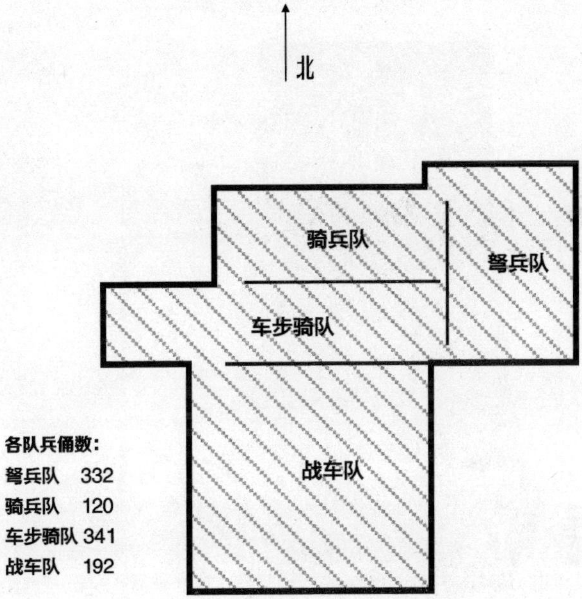

图三 兵马俑二号坑示意图

自吴
作王
用夫
钹差

的左边是金旁，右边是一张兽皮，
即“铍”字，是个形声字。
矛的篆体字是 ，是个象形字。

图四 夫差矛铭文图

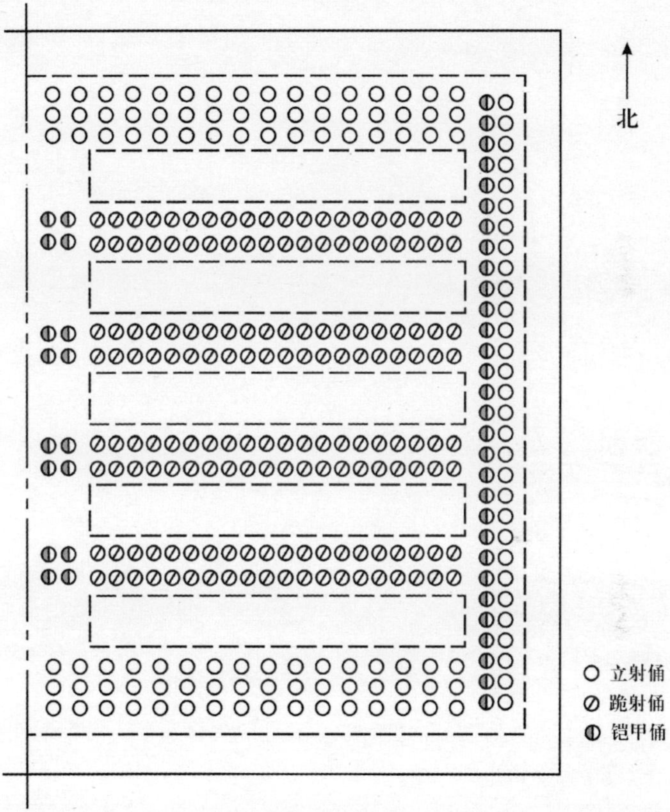

图五 兵马俑二号坑弩兵队

第一篇　秦人的崛起

［提要］秦人聪敏勤劳，尚武善战。是什么原因使秦人突然间快速兴起？又是什么原因使统一天下后的秦国迅速灭亡？

据《史记》记载，秦人系出帝颛顼之后[1]。其先祖柏翳曾因助大禹治水有功，得到奖赏。后又由于为舜驯服鸟兽有功，赐姓嬴。秦人对驯服鸟兽、畜牧养马特有专长。柏翳的后人非子，为周孝王（前909年）养马，马匹得以大量蕃息，周孝王封之于秦，是为秦嬴。周宣王（前827年）时，任命秦嬴的曾孙秦仲为大夫征讨西戎，从此开启了秦人与戎夷的争战。秦人尚武善战，在《诗经》中可见到秦人勇于赴战的诗篇[2]。西周末年（前770年），秦襄公大战犬戎，又以护送平王东迁有功，被封为诸侯，赐以岐（今陕西岐山、扶风一带）西之地，秦人开始建国。

多难兴邦，秦人先祖从人与天争、人与兽争、人与人争的斗争过程中，获得了大量的治水、畜牧、养马和战争的经验及才能。到秦穆公（前660年）时，任用百里奚、由余等能臣治国，终于称霸西戎。

此后二百年间，秦与邻国晋、楚、义渠等，时有争战，互有胜负，国力没有什么特别的发展。到了战国时代，天下纷争，君臣乖乱，秦怀公被大臣逼死。其后，怀公的曾孙出子，即位不到两年，就与其母同被大臣所杀，改立献公。三晋乘秦内乱，攻占河西之地。献公力图振作，但成效不大。

秦孝公继位（前360年），他眼见“国家内忧，未遑外事”[1]，以至失土辱国，忧心如焚。其时山东有齐、楚、魏、燕、韩、赵等六国互相争霸。秦地处西陲，诸侯待之如夷狄，屏绝于诸侯会盟之列。秦孝公视“诸侯卑秦”为奇耻大辱；于是发奋图强，“振孤寡，招战士，明功赏”，下令求贤天下，立志要恢复当年秦穆公的霸业雄风[1]。

卫人公孙鞅，又名卫鞅，少好刑名之学[3]，闻得孝公令，遂西行入秦，求见孝公。孝公与卫鞅会谈了四次，谈的都是治国之道，但卫鞅每次谈话的内容都不同。第一次他谈的是帝道，孝公听得瞌睡连连。第二次他谈的是王道，孝公不感兴趣。第三次他谈的是霸道，孝公颇感兴趣。第四次他谈的是富国强兵之道，孝公大感兴趣，越坐越近，连着谈论了好几天都不觉得厌倦。于是决定重用卫鞅，实行变法。

卫鞅所说的帝王之道，内容如何，不得而知，但必然是一些使人昏昏入睡、不切实际的空泛言论。他精研刑名之学，反对帝王之道，想来这四次谈话，定是他早已设计好的圈套。他先从帝王之道说起，正话反说，让孝公了解，帝王之道是不切实际的空谈。绕了一个大圈子后，言归正传，回到富国强兵的主题上，使孝公前后比较之下，落入了他的算计之中，实行他所订立的刑名法令。

孝公对卫鞅变法，还是有些疑虑，于是召集群臣，举行听证辩论大会。卫鞅首先发言。他强调变法没有什么可疑虑的，他说："疑行无名，疑事无功。且夫有高人之行者，固见非于世；有独知之虑者，必见敖于民。愚者暗于成事，知者见于未萌。民不可与虑始而可与乐成。论至德者不和于俗，成大功者不谋于众。是以圣人苟可以强国，不法其故；苟可以利民，不循其礼"。[3]力言变法要当机立断，不可犹豫不决。

大臣甘龙反对变法，甘龙认为："圣人不易民而教，知者不变法而治。"卫鞅反驳他，指他所说的都是世俗之见，他说："常人安于故俗，学者溺于所闻。"这些人只知居官守法，抱残守缺，成不了大事；且看"三代不同礼而王，五伯不同法而霸”，所以“智者作法，愚者制焉；贤者更礼，不肖者拘焉”。只有愚昧之徒，才会守旧不变；智能之士得要变法更礼，建立千秋功业。另一大臣杜挚也反对变法，他说，“利不百，不变法；功不十，不易器。法古无过，循礼无邪。”卫鞅说：“治世不一道，便国不法古；故汤武不循古而王，夏殷不易礼而亡。反古者不可非，而循礼者不足多。”孝公衡量正反双方，认为卫鞅说得有理，决定变法。

战国时代，礼崩乐坏，卫鞅认定礼乐仁义无以治国。他甚至把礼乐、诗书、修善孝悌、诚信贞廉、仁义、非兵羞战等文化道德修养，称之为六虱，认为一个国家“无六虱，必强；有六虱，必弱”。又说，“仁者能仁于人，而不能使人仁；义者能爱于人，而不能使人爱”；所以“仁义不足以治天下”。治理天下得要“不贵义而贵法；法必明，令必行”[4]。唯有严刑峻法，才能富国强兵。新法虽不重仁义，但很讲信用，卫鞅立木取信于国都市南门，明示言出必行，法出必守。

“民弱国强”是卫鞅立法的理论基础。他认为，“民弱国强，民强国弱，故有道之国，务在弱民”。民弱了对国家有什么好处呢？“民辱则贵爵，弱则尊官，贫则重赏”。基本上，卫鞅认为人性本恶，所以“慈父无孝子，治主无忠臣”；因而他主张“以战去战”“以杀去杀”“以刑去刑”。治理国家更要利用人性的弱点，重赏严罚，而且要“重罚轻赏”“刑多而赏少”才能治国。

从湖北云梦睡虎地秦简可知，秦法非常烦琐详尽。例如规定把耕牛饲养得好的，赏酒一壶，干肉十条；养得不好的，则要受笞刑，真是重罚轻赏！又如弩兵射箭技术达不到要求的，除了被免职外，并要罚二甲。御者技术不好也会被免职，还要罚徭戍，连教他驾御的老师也跟着受罚。甚至规定如果粮仓中有三个以上老鼠洞，管理粮仓的人员就要受罚。

秦法鼓励耕战，“耕织致粟帛多者”受到奖励；“事末利及怠而贫者”降为奴婢。最大的奖赏就是立得战功，“能得甲首一者，赏爵一级，益田一顷，益宅九亩”[4]。卫鞅立此法，在求扭转人民畏战的心理，建立“富贵之门必出于兵”的观念，希望人民为求富贵“闻战而相贺也，起居饮食所歌谣者，战也”，甚至“民之见战也，如饿狼之见肉”。出征时，更希望他们不顾亲情，“父遗其子，兄遗其弟，妻遗其夫，皆曰‘不得，无返!’”但亲情是斩不断的，在云梦睡虎地发现黑夫和惊的家书（现藏湖北省博物馆)，充满了他们对母亲、兄弟、妻子和妹妹的怀念，黑夫和惊是两兄弟，他们当时正在王翦的征楚大军中服役。

秦军杀敌固有重赏，失误更有严罚，军队实行连坐法，“五人束簿为伍，一人羽而轻其四人，能人得一首则复”[4]。也就是说，五人中一人违规，其他四人如果没有战功，都要受罚。新法不讲仁义，免不了会发生风气败坏的事。据《云梦睡虎地秦简》记载，为了重赏，士兵中竟有抢夺他人所得首级的行为，弃仁绝义，只求重赏，他们祖先在《诗经》中所歌颂的袍泽情义[2]，已荡然无存!

新法行之十年，秦国大治，山无盗贼，户给人足。其后卫鞅又大败魏军，收复河西之地。此后，“秦（孝公）封之於，商（於、商皆为古邑名，分别在今河南西峡及陕西商洛一带）十五邑，号为商君。[3]”世人因此称他为商鞅。

商鞅的严刑苛法，确可在乱世中杀出一条血路，但由于新法舍弃了文化的发展和道德的教化，亦因此而种下了日后秦国迅速分崩离析的恶果。商鞅法令，杀气腾腾，刻薄寡恩，读《商君书》令人心惊胆战，与读《论语》时，如沐春风的心境，不可同日而语。

商鞅变法，树敌过多，得罪了权贵，秦孝公死后，被诬谋反。商鞅得讯，仓皇出逃，但由于他所立的秦法，律令苛刻，控制严密，竟令他自己走投无路。商鞅作法自毙，终于被新继位太子，惠文王所杀。

商君虽死，秦法未败。此后，秦行商鞅之法，拥雍州之地，据殽函之险，经惠文、武、昭襄等王的经营，追亡遂北，远交近攻，破联军，坑长平，灭周室，威震诸侯，奠定了日后嬴政席卷天下的基础。

秦人的崛起，是因天时、地利、人和的配合得当所致。战国末年，天下已大乱了几百年，百姓厌于战乱，但求统一安定。统一的天时既成，秦因地利之便，得能臣勇将之助，终于一统天下。统一后，天时、地利已变，秦却不知应变，反而徭役日重，民不聊生，国无四维，指鹿为马，焉能不土崩瓦解？如果统一后，秦能由恰当的人选执政，以宽厚仁慈的法律，取代那刻薄寡恩的律令，“文景之治”将会提早到来。如果秦人更能乘着春秋学术思想黄金时代的余风，发展文化，那华夏文化将会更加灿烂辉煌。往事已矣，秦人不暇自哀，后人当哀之，鉴之。

［参考资料］

1. 司马迁：《史记·秦本纪》

2.《诗经·秦风·无衣》：“岂曰无衣？与子同袍。王于兴师，修我戈矛，与子同仇。岂曰无衣？与子同泽。王于兴师，修我矛戟，与子偕作。岂曰无衣？与子同裳。王于兴师，修我甲兵，与子偕行。”

3. 司马迁：《史记·商君列传》。

4.《商君书》。

第二篇　秦始皇生父之谜

[提要]《史记·吕不韦列传》:“(吕不韦)遂献其姬。姬自匿有身。至大期时,生子政。”据此,后人往往认为吕不韦就是秦始皇的生父。吕不韦真的是始皇的生父吗?本文根据有关人物的言行,及有关史籍的前后记载,断定“姬自匿有身”一事,是太史公记下的一段谣言,并非事实。同时可推断此谣言产生的时间、地点和原因。

秦昭王四十年(前267),秦太子死。两年后,次子安国君被立为太子,安国君的中子子楚为质于赵。一般家庭,不论是王侯贵族，或是平民百姓，在一大群子女中，最受重视的是长子，最被宠爱的是幺子，而中子则往往被忽视。子楚是中子，安国君宠爱的是立为正夫人的华阳夫人。华阳夫人无子，子楚的生母夏姬没有什么地位，所以，排行居中的子楚在秦毫无地位可言。他被送到赵国为人质后，生活拮据，没有什么财物，秦对他的生死安危也毫不在意，经常轻启战端，出兵攻赵。

但此时正在邯郸经商的大贾吕不韦，却以其锐利的商人眼光，看出了其中无限商机。吕不韦以“贩贱卖贵”[1]起家而成巨富，他审时度势，知道此时投资子楚，正是千载难逢的贩贱最佳时机，如此可居的奇货绝对不可错过，于是他定下钓奇计划，登门拜访落难王孙子楚。

见面后，吕不韦开门见山，开口便说：“吾能大子之门”。[1]子楚闻言苦笑一声说道：“且自大君之门，而乃大吾门。”他觉得吕不韦简直是寻他开心，他自知人在赵国，朝不保夕，随时有性命之忧，还谈什么光大门户。吕不韦知道子楚人穷志短，不懂得如何善用情势，改变命运，于是就对他说：“子不知也，吾门待子门而大。”吕不韦实话实说，在商言商，表示他是有所求而来的，他要先光大子楚之门后，借子楚之门，才能光大自己之门。子楚见他说得认真，便坐下来和他详谈。一谈之下，吕不韦为他指出一条明路，定下计策，从此改变了子楚的人生。

吕不韦向子楚指出：“华阳夫人无子，能立适嗣者，独华阳夫人矣。今子兄弟二十余人，子又居中，不甚见幸，久质诸侯。即大王薨，安国君立为王，则子毋几得与长子，及诸子旦暮在前者，争为太子矣。”子楚从来没想到他也有机会可夺得太子之位，于是急忙问计。吕不韦说：“子贫，客于此，非有以奉献于亲及结宾客也。”子楚无财无势，于是吕不韦赠子楚五百金，要他摆下门面排场，广结诸侯宾客，建立声望地位。然后，吕不韦再以五百金购买奇物玩好，献给华阳夫人，同时又向夫人透露子楚结交诸侯宾客遍天下，非常贤智，而且非常思念夫人，常常说“楚也以夫人为天，日夜泣思太子及夫人”，夫人大喜。吕不韦跟着又请人游说夫人，劝夫人进言安国君立子楚为适嗣，提醒夫人，若子楚得立，则夫人不至于“色衰而爱弛”，而可以“竟世有宠于秦矣”。夫人一听，觉得不错，便向安国君进言，终于立子楚为嗣。

吕不韦尽全力利用各种机会，取得夫人的欢心。据《战国策》记载，子楚本名异人，他回国后，吕不韦让他穿上楚服，去拜见来自楚地的华阳夫人，夫人大悦，把他改名子楚。

吕不韦足智多谋，长袖善舞。他所设定的计策分为三个步骤：首先为子楚建立声望，其次送重礼取悦华阳夫人，最后游说夫人立子楚为嗣。这些手段与今日西方大财阀首先出巨资建立公关，制造民意；其次政治献金，取悦高官；最后请职业说客游说议会，订立利己政策的“民主制度”

完全相同。吕不韦可说是今日西方大财阀的老祖宗。

在吕不韦的财力支持下，子楚广交天下宾客，宴会连连。吕不韦有一爱妾赵姬，能歌善舞，美艳绝伦。在一次宴会中，子楚“悦而取之，生始皇”[2]，赵姬生子嬴政后，子楚马上立她为夫人（其中细节，下面再谈）。

嬴政于秦昭王四十八年（前259）在赵都邯郸出生。他出生前的一年（前260），发生了战国时期最为残酷的长平之战，秦军在长平坑杀赵军四十万人，赵国从此元气大衰，赵人恨秦入骨。所以嬴政一出生，便处于一个举目皆敌的环境。秦昭王五十年（前257），他三岁，秦军围攻邯郸，赵人欲杀子楚。子楚靠吕不韦“行金六百斤予守者吏”[1]，得以逃脱归国；但滞留在邯郸的赵姬和嬴政母子二人却得过着东躲西藏、心惊胆战的逃亡日子。嬴政孤僻多疑的性情与他童年的生活环境有莫大关系。

秦昭王五十六年（前267），昭王薨，安国君即位，是为孝文王，华阳夫人为后，子楚被立为秦太子，赵姬和嬴政母子二人才得以回国，此时嬴政九岁。孝文王即位不久便死了。子楚继位，是为庄襄王，以吕不韦为相，封文信侯，食河南雒阳（今河南洛阳一带）十万户。庄襄王在位三年，死后，由十三岁的嬴政即位为秦王，吕不韦为相，同时被尊为仲父。

秦王年少，委国事于大臣，军政大权全在相国吕不韦手中。吕不韦当年的投资，如今到了丰收之期，位高权重，富可敌国，家童万人。为了提高声望，吕不韦效法当时的战国四大公子，广招致士，门客三千。春秋战国，文化事业兴旺，名家辩士著书立说遍天下，吕不韦为了赶上时代，也令门客著书，写成八览、六论、十二纪，共二十余万言的《吕氏春秋》。书成后，公布于咸阳城门之上，声称“有能增损一字者，予千金”[1]。真是意气风发，不可一世！

吕不韦自为相国仲父后，富贵逼人，势不可挡；但福祸相倚，物极必反，也因而种下了一个祸根，以致长袖善舞的他，竟也束手无策。此事起因于太后，太后赵姬本是吕不韦的爱妾，吕不韦自为仲父后，与新寡的太后多所接触，旧情复炽，缠绵难休。战国时期，尚无宋代理学“存天理，灭人欲”的礼教，但经周公孔子的教化，已有一套伦理规范。秦国地处西陲，受戎狄风俗影响，礼教虽不如山东齐鲁一带严谨，但相国与太后间如有什么不轨行为，也是不体面的事。吕不韦位高权重，最初也不甚在意，但其后秦王日渐成长，吕不韦惊觉嬴政，这个少年秦王，城府深沉，行事果断，大异常人，不觉心生畏惧，急谋脱身之计。《史记》：“始皇帝益壮，太后淫不止，吕不韦恐觉祸及己，乃私求大阴人嫪毐以为舍人”。[1]吕不韦把嫪毐化装成宦者，送入太后宫中，太后大喜。吕不韦自以为得计，哪知却把祸根越种越深。

嫪毐自入宫后，深得太后宠爱，赏赐丰厚，还被封为长信侯，“宫室、车马、衣服、苑囿、驰猎恣毐，事无大小皆决于毐”[1]。嫪毐生活豪华，行为嚣张，家童数千，与太后生二子后，竟“与太后谋曰：‘王即薨，以子为后’”。

始皇九年（前238），嬴政二十二岁，王冠带剑，正式亲政。此时，他已掌握兵权，对嫪毐的嚣张行径应早已知晓，但不动声色，忍而不发。嫪毐知道风声已露，欲先发制人，于是趁嬴政刚即位，根基未定，“矫王御玺及太后玺”，发兵造反。只是秦王早有准备，一声令下，便平定了嫪毐之乱。嬴政对此乱深为震怒，下令车裂嫪毐，夷其三族，杀其二子，迁太后出咸阳。后来因茅焦的劝说，嬴政原谅了母亲，又把她接回咸阳。吕不韦是此乱的祸首，此时秦王已非当年的三岁小儿，他对吕不韦的作为非常愤怒，欲杀之而后快。《史记》：“王欲诛相国”，但因“为其奉先王功大，及宾客辩士为游说者众，王不忍致法”，只把他免职后放逐到河南封地。

如果吕不韦回到封地后，能韬光养晦，闭门思过，以终余年，也未尝不是一件好事；但他不甘寂寞，经常高朋满座，诸侯宾客络绎于途，真是百足之虫，死而不僵。秦王才平定了嫪毐之乱，眼见吕不韦被免职后，声望实力仍在，而吕不韦的才智更远在嫪毐之上，心中自是惊恐万分，决心除此大患。于是秦王赐书吕不韦：“君何功于秦？秦封君河南，食十万户。君何亲于秦？号称仲父。”吕不韦对秦王了解甚深，不久前才见识过秦王对付嫪毐的手段，读信至此，已魂飞魄散，为了免于受酷刑而死，只好饮鸩而亡。

吕不韦和管仲同被尊为仲父，但本质上大不相同。管仲属早期温和法家，他利用齐国滨海鱼盐之便，“通货积财，富国强兵，与俗同好恶”[3]，终于助齐桓公九合诸侯，一匡天下，建立了一个知礼节荣辱的国家。吕不韦当时所处的秦国，实行商鞅酷法，全国上下，只知追求个人的权力和财富，吕不韦、李斯等高官都是如此。吕不韦的钓奇计划，目的是为了自己的荣华富贵。李斯抱着“诟莫大于卑贱，悲莫甚于穷困”[4]的心思入秦。他们为了名利权力可以不择手段。

为了巩固自己的权位，李斯竟把当年同窗、才学优于自己的韩非毒死狱中。这和管仲鲍叔的情谊相比，真有泥云之别。齐桓公尊管仲为仲父，不光是因为他有功于社稷，更是对他言行品格的尊敬。吕不韦仲父的尊称，事实上是他利用当时年仅十三岁的嬴政年少，入世未深，而强行自封的。从秦王信中可以看出，成年后，嬴政对当年吕不韦自封为仲父之举极为不满。吕不韦从政是为了个人的富贵，除了出划计谋为子楚夺得王位外，对秦国军政并无大功，他的言行也得不到嬴政的尊敬，虽身居相国之位，但伴君如伴虎，一旦成年亲政后的秦王动怒，他的下场就和当年的商鞅相同。

吕不韦和嬴政的关系错综复杂。于公，他们是君臣关系；于私，他们情同父子，至少嬴政年少时是如此，同时嬴政的生母又曾是吕不韦的爱妾。这种关系很容易让人起疑。《史记·吕不韦列传》："吕不韦取邯郸诸姬绝好善舞者与居，知有身。子楚从不韦饮，见而说之，因起为寿，请之。吕不韦怒，念业已破家为子楚，欲以钓奇，乃遂献其姬。姬自匿有身。至大期时，生子政。子楚遂立姬为夫人"。

由于《史记》这一段的记载，两千多年来，很多人认定吕不韦就是秦始皇的生父；宋代大儒朱熹干脆就把嬴政称为吕政[5]。甚至大家一致认定，吕不韦把有身的赵姬献给子楚，是他钓奇计划中的一部分。但是论者忽略了一点，吕不韦曾为子楚请求纳娶赵姬一事而动怒，显然献姬并不在他的计划之中。生意人和气生财，吕不韦不会因此一怒而去，他知道生意往来，必须互惠，欲有所得，必有所失。而且事实上，此时他已势成骑虎，他既已投下了巨资为子楚建立声望，又已送重礼取悦华阳夫人，并且已成功游说夫人立子楚为嗣，钓奇计划已完成了百分之九十，为了不至于功亏一篑，吕不韦以大贾长远的眼光，权衡利害得失，最后决定忍痛割爱。

《史记·吕不韦列传》中，最使人起疑的是"姬自匿有身。至大期时，生子政"这一段文字。文中的"大期"即产期，一般约为十个月（40 周左右）。另一说法，为了证实姬自匿有身一事，认为大期是指十二个月[6]，此说违反医学常识及史实记载，不可信。那么吕不韦是不是始皇的生父呢？根据《史记》的前后记载去推断，此事全属子虚乌有，太史公所记录的赵姬自匿有身一事，应是一件不实的谣言。我们从子楚、吕不韦和秦始皇三个当事人的言行中，可得到一个合理的结论。

（一）子楚。嬴政是否是自己的亲生骨肉，子楚应心里有数，如若嬴政不是亲生，他不会嬴政一出生，马上就“立姬为夫人”。即使一时不察，如此重大事件，子楚迟早必会发现真相，嬴政不是他的唯一儿子，如其中真有差错，他有充分的时间，随时可以改立他子（如长安君）为太子，以维持秦嬴血脉。同时吕不韦的相位也一定不保，当然更不会让他去辅助年幼的嬴政登位了。所以根据子楚的行为去判断，嬴政确实是他的亲生子无疑。

（二）吕不韦。嬴政与子楚关系淡薄，他从三岁至九岁这一段重要成长时期，从未见过子楚。嬴政九岁回国，三年后子楚便去世。嬴政童年时，接触最多、对他最有影响力的重要人物应是吕不韦。年幼的嬴政视吕不韦为长辈，吕不韦也以父辈自居。嬴政十三岁即位，由吕不韦辅政，此时他们二人关系密切，吕不韦手执军政大权。如果二人确有父子血统关系，吕不韦大可让嬴政认祖归宗，直接称吕不韦为父，不必假仲父之名，显相国之威。而且子楚既死，已无隐瞒之必要，吕不韦大权在握，谁敢反对？他和赵姬大可恢复夫妻名分，更不必找嫪毐来做替身。如此名正言顺，夺得秦嬴天下，岂非绝佳！

（三）秦始皇。秦始皇虽被后世视之为暴君，但他颇注重直系至亲之情。嫪毐之乱，赵姬显然早已知情，甚至极可能参与其事；如无赵姬之助，嫪毐很难“矫王御玺及太后玺”发兵叛乱。乱平后，始皇对太后最严厉的处置，只是把她迁离咸阳，不久又听从了茅焦的劝说，原谅了她，把她迎回咸阳甘泉宫。始皇显然是动了亲情，见祸首嫪毐已除，知道母亲再也不会为害，便不再追究。赵姬一时糊涂，误信了嫪毐，以致谋害长子不成，反而赔了两个幼子的性命。与后世工于心计的武则天和慈禧太后相比，帝太后赵姬只是一个意乱情迷的小女子。

此外，由秦始皇对他两个儿子的态度，亦可看出他颇注重直系至亲之情。始皇既得天下，希望长生不老，开始寻求不死之药。始皇三十五年（前 212），江湖术士卢生打算孤立始皇，以便把他控制于股掌之中，便向始皇进言：“愿上所居宫毋令人知，然后不死之药殆可得也。”始皇本就孤僻多疑，于是下令：“行所幸，有言其处者，罪死。”但嬴政也不是易于受欺骗的，他对那些术士们的“不死之药”也有所疑，于是订下了“不得兼方，不验，辄死”的法令。也就是说你们这些术士人所炼的药，只要一次不灵，便要处死。江湖术士、骗子方士卢生等人吓坏了，马上急急逃亡。始皇闻悉大怒，转怒于人多口杂的诸生，坑诸生四百六十余人于咸阳。

自征服六国，统一天下（始皇二十六年，前 221 年）

后，始皇已日渐刚愎自用，“天下畏罪持禄，莫敢尽忠”。对始皇坑诸生一事，无人敢说一句话，唯有长子扶苏敢进谏，他对始皇说：“天下初定，远方黔首未集，诸生皆诵法孔子，今上皆重法绳之，臣恐天下不安。唯上察之。”此时始皇已得志于天下，正如尉缭所说，“（始皇）得志亦轻食人”，如果是他人进谏，可能即时就有杀身之祸，但进谏的是扶苏，始皇只是“使扶苏北监蒙恬于上郡（今陕西北部及内蒙古南部一带)”。

始皇这一决定应不是临时起意的，他虽未立太子，但早已视扶苏为太子。扶苏聪慧好学，只是天性仁慈，有失法家帝王风范，是以始皇迟疑，一时无法立储。如今始皇见他竟心怀天下苍生，不知世情险恶，想起自己幼年生于战乱之中，历尽艰辛才统一天下；于是，他决定派扶苏到蒙恬军中历练一番，体验世道无情，学得权术之道，才能把天下传之万世。蒙家三代俱为秦将，蒙恬忠勇可靠，北地苦寒，扶苏在蒙恬军中，定然会增长不少见识，同时也可以在军中建立威望地位。这个惩罚看似严厉，有如充军，实则尽显严父的关怀与慈爱，他是为扶苏日后登基即位，打下牢固的基础。始皇对幼子胡亥的溺爱更是见诸史，他最后一次出游时，少子胡亥缠着要去，他马上便应允。

相较之下，秦始皇对吕不韦的态度，完全看不出有任何亲情。如果吕不韦确是始皇的生父，无论如何隐瞒，以始皇之精明，定会发现其中真相，更何况自子楚死后，已无隐瞒之必要，所以如果吕不韦确是始皇的生父，始皇十三岁即位后必会得知。以始皇之注重直系至亲亲情，若吕不韦确是始皇生父，即使吕不韦犯下滔天大罪，也不会被始皇置于死地。事实上，嫪毐之乱，吕不韦事前不知，更未参与其事，但始皇一开始便想杀他。后来始皇不杀他并不是因为他是仲父，更不是因为他是生父，而是因为“其奉先王功大，及宾客辩士为游说者众”才免其死罪。此时秦始皇二十三岁，早年的始皇尚能接纳大臣的谏言，他听从了宾客辩士为吕不韦的游说请求，免其一死。

但是“宾客辩士为游说者众”，对吕不韦而言，并不是一件好事，始皇见他竟有此等声望势力，不由得起了疑心。其后，吕不韦不知收敛，被罢黜驱逐后，“诸侯宾客使者相望于道”。始皇见他被逐后，行为照样招摇，声势并未稍减，于是决定下手清除。他只用一句“君何亲于秦？号称仲父”便杀了吕不韦。这句话中的“亲”字有两种意义，一是指情义之亲，另一是指血脉之亲。始皇这句话指明：你吕不韦和我大秦王朝之间，哪有什么亲情或血脉关系可言？竟敢号称为我的“仲父”！如果吕不韦确是始皇的生父，注重父子至亲之情的始皇绝不会说出这种绝情话。据此，我们可以清楚看出，他们二人之间，连情义之亲都没有，更不可能有血脉之亲了。所以说，本质上，他们二人既无父子之情，更无父子之实。

值得注意的是，“姬自匿有身”一事，不见于《战国策》。考《战国策》一书，不属正史，其中杂有不少谣言传说。而“姬自匿有身”故事，正适合《战国策》搜奇猎怪的文风，今竟不见于书中，岂非怪事？按《战国策》有关秦史的记载，约上起商鞅见孝公，下讫荆轲刺秦王。荆轲入秦时，秦王嬴政已三十三岁，如果荆轲刺秦王之前，已有此耸人听闻的谣言，不论是真是假，在这长达三十三年的历史档案中，《战国策》必会记上一笔。因此，可以说，荆轲刺秦王之前尚无此等谣言流传。

在这一事件中，可供造谣的材料实在太丰富了：美人、权位、财富、阴谋、后宫、战争、暴君……有如此丰富的材料，好事之徒如不造谣，才是一件怪事！估计此谣言当产生于秦灭三晋之后，由赵姬故里赵都邯郸传出。自始皇出生前一年（前260）长平之战开始，赵人屡受秦军残杀，赵人早已恨秦入骨。始皇十九年（前228），秦军攻入赵都后，始皇亲赴邯郸，坑杀昔日仇家，其中免不了有些漏网之鱼。这些漏网之鱼，熟悉赵姬身世，他们只要把赵姬原来身世略加渲染，便可制造出真假混杂、叫人难以分辨的谣言，以吐心中一股怨气。其后，随着秦军东征，山东各地以讹传讹，再经好事之徒添油加醋，谣言愈演愈烈，到了汉代已无人不知。太史公本史家之笔，把此一重大谣言，约略一记，是真是假，让后人去判断，此后他再也不提此事。根据太史公此后在书中的记述，他本人应是不相信此事的。后人只需细读《史记》，分析前后事件，加以比较，便知此事全属无稽之谈，子虚乌有，当不得真。

[参考资料]

1. 司马迁：《史记·吕不韦列传》。

2. 司马迁：《史记·秦始皇本纪》。

3. 司马迁：《史记·管晏列传》。

4. 司马迁：《史记·李斯列传》。

5. 朱熹：《四书或问》。

6. 此说见于三国时蜀人谯周所著《古史考》一书。此书原书已散佚，现存清人章宗源辑本。孕期一般约为十个月（40 周），亦可能少于十个月（如八个月），但如胎期大于十个月（超过 42 周），那就是危险的信号了，很可能是胎死腹中。谯周大费周章，去解释大期，认定大期即是十二个月，其目的是想证实“姬自匿有身”，确有其事。他认为赵姬嫁给子楚时，已有身二月，八个月后便当生产，但她用某种神秘方法，硬是撑多了两个月，凑足十个月后，才把子政生下来，所以说她一共怀胎十二个月。当然，这种神秘方法是没有科学根据的。

第三篇　细说王负剑

［提要］秦王政二十年（前 227），燕使荆轲使秦，向秦王献督亢地图，图穷匕见，荆轲持匕刺杀秦王，秦王拔剑自保，但因剑身过长，无法拔出，惶急之下，不知所为，环柱而逃。当时如果不是群臣高呼“王负剑”，提醒秦王，秦王很可能当场就命丧于荆轲毒匕之下。何谓“王负剑”？至今尚无定论。本文详细解释“王负剑”的本意，并深入探讨荆轲刺秦王的各项细节。

《史记》：“丹质于秦，秦王之遇太子丹不善，故丹怨而亡归。”[1]太子丹和嬴政是小时玩伴，他们小时候在赵国同为人质。成年后，嬴政已贵为秦王，但太子丹却为质于秦。太子丹一向养尊处优、自以为是，他认为凭当年交情，他来到秦国，秦王当会热情款待他，哪知秦王日理万机，正在策划吞并六国的大计，哪里会有功夫和他叙旧。太子欲求当年情谊而不可得，一怒之下，带着满腔怨气逃回燕国，誓言报复。所谓报复，也就是欲置秦王于死地。燕国小而力弱，出兵讨秦是不可能之事。这时太子丹已有刺杀秦王之心，只是不知如何下手。

此后秦王出兵山东，直逼燕境。太子眼见秦军压境，已到了非采取行动不可的时候，于是向太傅鞠武求教。鞠武知他心怀怨恨，因而对他分析情势，指出秦国天险民丰，“民众而士厉，兵革有余”，劝他不可“以见陵之怨，欲批其逆鳞”[1]，大敌当前，要谋而后动。鞠武身居太傅之职，老成持重，对此等军国大事，当然不会贸然行事。燕势单力薄，鞠武所想到的应是如何联合各国共同抗秦。

但此时却发生了一件大事，此事因秦叛将樊於期而起。樊於期得罪了秦王，亡命奔燕，太子丹收留了他。鞠武得知后，顿觉大事不妙，认为秦对燕本来就积怨甚深，现在又收留了秦叛将，秦王更加有了攻燕的借口，燕必危在旦夕。鞠武向太子建议：“愿太子疾遣樊将军入匈奴以灭口。请西约三晋，南连齐楚，北购单于，其后可图也。”[1]这是一个先断秦军入侵借口，再联合各国，共同抗秦的大计。

太子不忍送走樊於期，同时又急功近利，认为“太傅之计，旷日弥久，心昏然，恐不能须臾”。此时太子定然提出了刺杀秦王的建议，以致鞠武一听之下，大为震惊，说出了一番话：“夫行危欲求安，造祸而求福，计浅而怨深，连结一人之后交，不顾国家之大害，此所谓资怨而助祸矣！夫以鸿毛燎于炉炭之上，必无事矣！且以雕鸷之秦，行怨暴之怒，岂足道哉！”。[2]无奈太子心意已决，鞠武对江湖上行刺暗杀之事一无所知，只好把燕国处士田光推荐给太子。

田光交游广阔，年轻时也是个侠义之士。于是田光因鞠武之荐，参见太子，太子对田光执礼甚恭，避席而请曰：“燕秦不两立，原先生留意也。”田光是江湖中人，不懂行军布阵之事，太子要他留意，也就是要他见机刺杀秦王了。田光老于江湖世故，闻太子之言，知太子心意，当即表示自己已年老力衰，非盛壮之时可比，于是他向太子推荐正值盛年的荆轲。田光离去时，太子亲送他出门，慎重告诫他：“丹所报，先生所言者，国之大事也，愿先生勿泄也！”田光躬身一笑，当即答允。

荆轲本是卫人，在卫不得志，远游他乡，结交各地贤豪长者，是个大智大勇的人物。田光知道他不是一个平庸之辈，和他相交甚深。于是田光受太子之托，以侠义之情游说荆轲，请求他去见太子。荆轲答应他的请求后，田光说：“长者为行，不使人疑之。”他认为太子送他出门时，所说的那一番话，显然对他不信任，认为他可能外泄机密。

侠义中人有他们特有的行为准则："夫为行而使人疑之，非节侠也。"[1]田光一生侠义，到了晚年，如何能忍受晚节不保之讥？于是为了保节侠之名，消除太子之疑虑，同时又为了激励荆轲，田光就在荆轲前自刎而亡。

田光以节侠之士特有的言行，说服了荆轲，荆轲答应他入宫见太子，为太子办一大事。田光没有向荆轲透露太子的心意，荆轲只知道太子要见他与"燕秦不两立"有关，但并不真正知道太子要交给他什么任务。

荆轲如约入宫见太子，太子对他说了一番话。据《史记》记载，荆轲听了太子这一番话后，"久之，荆轲曰：'此国之大事也，臣驽下恐不足任使。'"[1]"久之"二字值得注意，显然荆轲事前并不知道太子究竟要他干什么，所以一听之下，大感意外，当场为之一愣，久久不能言语。太子对他说了什么呢？太子说："燕小弱，数困于兵，今计举国不足以当秦。诸侯服秦，莫敢合从。丹之私计愚，以为诚得天下之勇士使于秦，……诚得劫秦王，使悉反诸侯侵地，若曹沫之与齐桓公，则大善矣；则不可，因而刺杀之，……"这一番话，冠冕堂皇，拐弯抹角，话中有话，不似出自太子这个纨绔子弟之口，想来应是鞠武教他的。荆轲听了太子这番话后，这才恍然大悟，知道为什么田光会以节侠最高的言行来激励他。

《史记》："荆轲好读书击剑，以术说卫元君，卫元君不用"。[1]此处所说的术，不应仅指剑术而言，当是泛指治国之术、军事战斗之术等。荆轲身居士的阶层，颇具学问抱负，因不得志于庙堂之上，转而流落江湖，时人尊称之为荆卿，并不视之为草莽匹夫。他虽好饮酒击剑，但并非好勇斗狠之徒，他大概从来没杀过人，更没有当过刺客。未见太子之先，他很可能以为太子因燕秦不两立，而向他请教军国大计，哪知一听之下，大感意外，太子竟要他当刺客，以致大吃一惊，久久不能言语。

荆轲在太子话中，早已听出话中有话。荆轲不是失土有责的曹沫；秦王嬴政也不是有贤相辅佐的齐桓公。秦王城府深沉，那年他三十三岁，正值盛年，身手敏捷，岂是可以轻易胁迫就范的？姑不论劫持秦王成功的概率有几何，即使劫持成功，战国末期的风气已大异于春秋时代，秦王会守信退让吗？“若曹沫之与齐桓公”只是一个婉转的说辞。荆轲一旦入秦，面对秦王，舍刺杀之外，别无他途。更何况，秦王宫中，警卫森严，不论劫持是否成功，他不杀秦王，秦王必杀他。太子分明就是要荆轲到秦国把秦王杀了。

荆轲听了太子那番话后，久久不语，沉思默想之下，早已察出其中玄机，因此说：“此国之大事也，臣驽下，恐不足任使。”荆轲见多识广，心怀大志，但不见用于当世，以致落魄江湖，心情苦闷，日与狗屠之辈饮酒击筑，高歌相泣，旁若无人，如今有机会成一大事，虽与理想相差甚远，但亦属侠义之举，何况一向敬重他的田光以节侠之言，舍身之行相勉，士为知己者死，他只有接下任务。田光和荆轲都是侠义之士，他们智深勇沉，言必信，行必果，诺必诚，不爱其躯，为当世所敬重。

荆轲接下刺杀秦王的重任后，心知责任重大，必须详加策划，然后按计划一一行事。首先，他要找寻一个可以接近秦王的机会，以便于行刺。秦王曾以“金千斤，邑万家”的重赏，以换取叛将樊於期的项上人头。于是荆轲拜访樊於期，透露自己所负谋刺秦王的重任，并解释此行既可解燕国之患，又可报将军之仇。但为了取信于秦，得到秦王的接见，“愿得将军之首以献秦王，秦王必喜而见臣”。樊於期也是一个热血汉子，闻言当场自刎而亡。至此已有两位侠义之士，为荆轲之行献出了生命，荆轲刺杀秦王，已势在必行。

接着，为了表示诚意，荆轲又准备好献给秦王的燕国督亢地图。同时太子丹以高价为荆轲购得一把锋利匕首。这匕首出自赵国铸剑名家徐夫人之手，锋利异常。这匕首不但锋利，太子丹还“使工以药淬之”，其毒无比。《史记》说，用这把匕首“以试人，血濡缕，人无不立死”[1]。如果太子只是打算“劫秦王，使悉反诸侯侵地”，那只要用一把普通匕首足矣，何必淬毒？可见太子本来就是打算置秦王于死地。

荆轲惯于用剑，为什么要他改用匕首呢？皆因匕首便于隐藏之故。以往曹沫、专诸、豫让等刺客都用匕首行刺。

匕首是特短兵器，用法与剑不同，荆轲为此得费上一番功夫，演练使用匕首的招数。他为此特别设计了刺杀秦王的招式："左手把其袖，右手揕其胸。"值得注意的是，这是一招夺命的手法，他用的又是一把淬毒匕首，显然荆轲完全没有生劫秦王的打算，这正是太子丹的本意。

知己知彼，百战百胜。荆轲还广为收集有关秦王的情报。他知道中庶子蒙嘉是秦王的宠臣，通过蒙嘉的引见，他便可得见秦王。他必然亦已查得咸阳宫中的各种规矩，知道孤僻多疑的秦王定下了严法："群臣侍殿上者，不得持尺寸之兵；诸郎中执兵皆陈殿下，非有诏召，不得上。"荆轲估计他一旦展开刺杀行动，在诸郎中应召上殿之前，他应有足够的时间，左手把秦王之袖，右手揕秦王之胸，一招夺秦王之命。

如今万事俱备，只欠一个副手，但是荆轲等待的副手却迟迟未至。正如鞠武所说，太子丹"行危欲求安，造祸而求福，计浅而怨深"，他心怀一股怨气，全无周详计划，但求早点把秦王杀了。当他得知荆轲正在等待一个副手时，心想这有什么难的，不就是找一个杀手吗？于是便替他找来十三岁便在闹市杀人的市井无赖秦舞阳。荆轲没有理会秦舞阳，继续等待。《史记》："荆轲有所待，欲与俱，其人远居未来。"

荆轲除了知道咸阳宫中警卫森严外，他大概亦已打听到秦王颇精剑术。他要等待的是一个能内实精神、外示安逸、临危不乱、身手不凡的副手。当年荆轲浪迹江湖，阅人无数，连盖聂、鲁勾践等剑术名家，他都看不上眼。荆轲大勇若怯，面对那些所谓名家的挑衅，认为他们暴虎冯河，心浮气躁，不值一交，因而走而避之。对于秦舞阳这等角色，他当然就更是瞧不上眼了。

太子既已替荆轲找来副手，但却见他迟迟不动，不觉心急如焚，误以为他打算悔改，是个骗饮骗食的江湖骗子，于是问他："日已尽矣，荆卿岂有意哉？丹请得先遣秦舞阳。"一闻此言，受此冤辱，荆轲愤怒交加，对太子戟指大骂："何太子之遣？往而不返者，竖子也！且提一匕首入不测之强秦，仆所以留者，待吾客与俱，今太子迟之，请辞决矣！"一言既出，驷马难追，荆轲马上出发。

荆轲深知带着秦舞阳这个"竖子"同行，一定凶多吉少，自料此行"往而不返"；因而在诀别之日，于易水（流经今河北易县附近）之畔，和生平知己高渐离击筑悲歌，唱出了"风萧萧兮易水寒，壮士一去兮不复还！"之句。

秦王听说燕使者带着樊於期首级和燕国督亢地图，前来称臣求见，高兴非凡，决定在咸阳宫以高规格接见。《史记》："（秦王）乃朝服，设九宾，见燕使者咸阳宫。"[1]秦以法家治国，法家讲究法术势，特别注重威仪排场。在咸阳宫中，秦王身穿朝服，设九宾之礼，召见燕使荆轲，那是怎样的一个场面呢？

我们不妨管中窥豹，从秦始皇兵马俑中，可见一斑。秦始皇兵马俑三号坑是军幕，也就是秦军主帅的指挥司令部。考古人员在坑中发掘出六十多具仪仗卫士兵俑。那些兵俑身高体壮，手执金光闪闪的仪仗殳，威猛异常。我们可以想象，主帅坐镇帐中，帐外卫士林立，叱斗森严，帐内一声传令，帐外齐声附和，是何等威风！但这只不过是军营阵地中，一个大将的排场而已；那秦王在咸阳宫中的排场，何止十倍于此！秦舞阳无赖出身，哪曾见过这等阵仗，他一入咸阳宫，早已吓得心胆俱裂，勉强支持到殿阶之下，已是脸无人色，全身发抖。荆轲不得已，只好独自一人上殿。

如果荆轲能等到他的理想副手，他就可以和副手同时上殿，并按计划行事。首先由荆轲献上樊於期的首级，再由副手呈上暗藏匕首的地图。副手站在秦王右手案侧，把图卷放在秦王案上，双手按着卷首。荆轲站在秦王案前，双手握着卷末，慢慢把图卷展开，同时身子沿着案边慢慢往秦王左侧方向移动，时而对着地图指指点点，吸引秦王的注意力。待全图打开到接近卷末时，荆轲已走到秦王左手案侧。

此时，荆轲突然出其不意，右手抽出那预藏在卷末的匕首，左手一把抓住秦王的左袖。值得注意的是，这一抓并非只抓住秦王的左袖，荆轲此时站在秦王左侧，距离秦王很近，他一把抓住的不仅是秦王的左袖，同时也抓住了裹在秦王左袖中的左臂。接着他左手紧握秦王裹在衣袖中的左臂往上一抬；右手匕首顺着秦王左臂下方，在衣袖遮掩之下，往秦王胸胁之间贴身刺去。整个行动，自始至终，秦王都没有看见那藏在地图卷末的匕首。这一个刺杀行动，荆轲定已研究演练过多次，可说是万无一失。即使有所闪失，他和副手也可以共同合力，以二对一，刺杀秦王。

可惜秦舞阳不是那个理想副手。秦王见秦舞阳震恐，也就无心察看樊於期的首级，就直接叫荆轲独自一人带图上殿。荆轲上得殿来，独自一人无法兼顾，只好站在案前，左手按着卷首，右手展开地图，身子无法移动，待图穷时，匕首已为秦王所见。此时荆轲站在案前，秦王坐在案后。秦王既已见匕首，荆轲右手顺势拔出匕首，左手一把抓住秦王的左袖，秦王的衣袖甚长，因距离较远，荆轲这一抓只抓住秦王的左袖，没有抓住秦王袖中的臂膀。荆轲顾不了许多，右手急忙隔案举匕往秦王身上刺去。秦王惊见匕首刺来，急忙起立后退，左手在袖内往后一缩，匕首只割破了秦王的长袖。秦王乘机扯断左手长袖，环柱而逃。跟着便发生了“王负剑”那一幕。

《史记》:“（荆轲）因左手把秦王之袖，而右手持匕首揕之。未至身，秦王惊，自引而起。袖绝，拔剑。剑长，操其室。时惶急，剑坚，故不可立拔。荆轲逐秦王，秦王环柱而走。群臣皆愕，卒起不意，尽失其度。……秦王方环柱走，卒惶急，不知所为，左右乃曰：‘王负剑！’负剑，遂拔以击荆轲，断其左股。荆轲废，乃引其匕首以擿秦王，不中，中桐柱。秦王复击轲，轲被八创。”

何谓“王负剑”？自从秦始皇一号铜马车出土后，对王负剑的解释，又多了一个实物论证的根据。因为铜马车御者把长剑佩在后背腰间（见图一，插图篇，A1），论者据此认为，那就是秦王的佩剑方式[3]，而“王负剑”就是指把剑从身后拔出。具体的方法是：（一）左手伸向身后，抓住剑鞘下端，把剑由腰后斜向左肩上方推。（二）左手继续推剑使剑茎在左背后升高超过左肩，右臂横过颈前，用右手握住左肩后上方冒出来的剑茎。（三）上动不停，右手紧握左后肩上方的剑茎，左手紧握在背后剑鞘的下端，双手上下用力把剑拔出。

上述拔剑出鞘的方法，不但非常繁复，而且无法实行。秦王的剑串挂在剑带之上，而剑带则紧束于腰间，即使秦王站立不动，也无法以左手抓住挂在后背的剑鞘，顺着背部，把剑茎推到左肩之上，何况当时秦王正处于惶急奔逃之中。此外，如果剑茎已在右后肩上方，再用右手把剑从右后肩向右拔出，是可行的；但用右手曲过颈前，把在左后肩上方的剑拔出，是个极危险的动作。用此法拔剑，剑一出鞘，那锋利的剑刃离颈侧大血管只有毫厘之差，在奔跑晃动之际，秦王必会未伤人先伤己，甚至血溅当场，刎颈而亡。剑是双刃兵器，在头颈肩间挥舞时，要特别小心，所以剑术中，有“剑不过脑”的用剑原则。

要弄清楚何谓王负剑，首先要了解秦人是如何把剑佩在身上的。参考一号铜马车御手的佩剑，可以看出，秦剑剑鞘外侧有一剑带环，此环古代称为“璏”，本文称之为“剑带环”。秦人把剑带穿过剑带环，把剑悬挂在剑带上后，再把剑带绕腰部一周，在腹前打一个花结，把剑佩挂在左侧腰间。剑带系好后，剑鞘上的剑带环朝外，剑鞘紧绑在剑带之内。秦人的剑既是经由剑带环悬挂在剑带之上，所以剑可以沿着剑带前后滑动。以正常状况，剑挂左侧为例，剑可以挂在从腹前起，经左腰侧，到后背的剑带任何位置上。至于剑应佩挂在剑带何处位置，则视当时的情况而定。

以出土的两辆铜马车御者佩剑方式为例。一号铜马车是立车，是出行时的开道车。马车用的是木轮。古代车辆没有避震设备，道路崎岖不平，有时甚至连路都没有，车辆行走时，颠簸非常。御者如果把长剑佩在左侧，长剑将以剑带环为支点，剧烈晃动，上端剑把在臂弯之内上下振动，敲击着御者手臂身躯，下端剑鞘则敲击着御者腿部及周围车上装置，严重妨碍御者驾驶操作。于是御者把备而不用的长剑，从左腰侧沿着剑带推到后背。也就是说，一号铜马车御者把剑挂在后背腰际（见图一，插图篇，A1），是一时权宜之计，不是常态。细看御者佩剑，可以看出，一号铜马车御者悬挂在腰背的剑，是由左上往右下斜挂的。这正可证明此剑是由左腰侧平移到后背；平移后，剑还保存着悬挂在左腰侧时的斜挂角度。

一号铜马车御者的剑为什么可以备而不用，推到后背呢？这是因为马车出行时，四周有卫队保护，在正常状况下，御者只需心不二用，全神贯注在驾御上便可，马车的安危全由卫队负责，御者不必动用兵器。唯有在危急情况下，如卫队已无力保卫车驾的安全，敌人或刺客已近身攻击马车；御者才需要动用兵器，拔剑参战。

二号铜马车是安车，是主人出行时的座驾，御者更要专注于驾驶，没有参加战斗的必要，所以只佩短剑足矣。古人席地而坐，两脚着地，坐姿有三：两股贴于两脚跟上为坐；股不着脚跟为跪；跪而耸身直腰为跽。二号铜马车御者席坐在垫子之上，减缓了震动，不论是坐、是跪，还是跽，短剑轻灵短小，长度都不至于会敲击到御者手臂或身躯，因此，御者不必移动短剑，就把它挂在左腰侧，不会碍事。

同理，战车御者的佩剑方式，应与一号铜马车（立车）御者相同，也是把剑挂在腰后背的。战车御者的安危，则由身旁的车士负责，只有马死车毁，或车士受伤战死的状况下，他才拔剑自保，参加战斗。

至于一般士人贵族，在正常状态下，剑应是佩在左侧腰际的。佩剑主要有两个目的：一是用于战斗，另一是身份的表征。用于战斗固然应佩在左侧，以便于右手拔剑出鞘。用于表明身份，更应佩在左侧明眼处，使人一望便知，若把长剑藏在身后，就失去其意义了。战国曾侯乙墓出土的编钟支柱武士像，全都是左腰佩剑的[4]。

当荆轲独自一人上殿时，坐在案后的秦王，是否把长剑佩挂在后背呢？肯定不是！秦王席地而坐，如果秦王和一号铜马车（立车）御者一样，把长剑佩在后背，便无法坐下了。那他是和二号铜马车御者一样，把剑佩在左侧吗？也不是，秦王的剑甚长，有异于安车御者的短剑，如果佩在左侧，也是无法席地而坐的。那么此时秦王的剑佩在哪里呢？秦王在坐下之前，应是把佩在左腰侧的长剑，沿着剑带拉到腹前，席地而坐后，把长剑横靠在腹前左腿之上。

荆轲把地图卷轴放在秦王案前，慢慢打开，图穷匕见，秦王惊起，扯断衣袖，急忙拔剑。如上所述，秦王席地而坐，长剑横放在腹前左腿之上，他匆忙间自引而起，心慌意乱，忘却把剑推回左侧腰际原位，长剑还是悬挂在腹前。他惊慌失措之下，急忙拔剑，左手约略抓住剑鞘的中段，右手抓着剑茎，往右用力一拔。现在的问题是，秦王这一拔，能拔出的剑身有多长呢？这得要视秦王佩剑剑身的长度，和秦王的身材而定。

秦剑最大的特征是剑身特长。早期的青铜剑都很短，如西周的剑，长度多不超过四十厘米。到了春秋时代，剑长大抵都在六十厘米以下。战国时代，一般剑也不过七十厘米左右。但秦剑长度竟超过九十厘米。秦王身材史无记载，太史公对身材异常的人，往往会加上一些描述，如“籍长八尺余”，“晏子长不满六尺”等。但他对秦王，除了提到蜂准、长目、挚鸟膺、豺声等特征外，对他的身材并无特别的记载。

我们可以假设秦王是中等身材，身高约一米七〇厘米左右，臂长约八十厘米，头部到腰际约七十厘米。根据兵马俑出土的秦剑估计，秦王剑的长度约为九十五厘米，剑身约七十三厘米[5]。经简易的几何运算，估计秦王这一拔，拔出剑身的长度约为四十四厘米；也就是说，剑身约有二十九厘米在剑鞘内无法拔出，所以“剑长，操其室”。又因青铜硬度颇高，无法把剑身弯曲拔出，所以“剑坚”“故不可立拔”。作者的描述有很合理的科学性。

从图穷匕见起，秦王在短时间内，完成了闪避、起立、断袖、奔逃、拔剑等动作，可谓身手不凡。秦王出身王族，必常佩剑。他生于乱世，童年寄人篱下，饱受欺凌，登位后又逢宫廷内乱，世情险恶，虽属至亲，亦不可信任，为求自保，定然练过剑术。只是秦王大概和一般人一样，很少会去练习那拔剑技术。秦王登基后，更是养尊处优，练剑时，早已有人把剑解下，拔剑出鞘，双手奉上；他哪里会想到，拔剑时，剑应佩在何处，手应握在何方？

左右见秦王心慌意乱，六神无主，绕柱而逃；于是高喊“王负剑”。什么是“王负剑”？“王负剑”就是提醒秦王，把挂在身前腹部的剑，负在左侧腰部。也就是说，叫他握着剑鞘上的剑带环部位，把剑由腹前沿着剑带向左后推，把剑回复到原来的正常佩剑位置，背负在左侧腰部。

如此一来，即使剑长一米，亦可以轻易拔出了。

把剑挂在左腰侧是拔剑的标准位置。无论是坐下前把长剑拉到腹前的秦王，还是为求便于驾驶而把长剑推到背后的立车御者，拔剑时，都要把剑回归到左腰侧正常位置，才能拔剑出鞘。

秦王听见左右高呼，回过神来，左手把剑拉回左腰侧，右手拔出长剑，回身与荆轲搏斗。这一场搏斗，作者虽只用了六句，区区二十七个字（“遂拔以击荆轲，断其左股。荆轲废，乃引其匕首以擿秦王，不中，中桐柱。”），但写得惊心动魄，而且句句合乎匕剑相搏之道，值得一提。

荆轲手持匕首，见秦王拔出长剑，毫不犹豫，举步便向秦王贴身冲去。尺有所短，寸有所长，荆轲这一冲，用的是短兵长用的战术。“短兵长用”，意指用短兵器之长，攻长兵器之短，持短入长，倏忽纵横，荆轲只要冲入长剑之内，与秦王贴身相搏，秦王的长剑便失去威力，荆轲的短匕便可展其所长。不料荆轲才举步，秦王的长剑已朝他腿部刺来。秦王显然熟知用剑之道，以长剑对短匕，须拒敌于长剑之外，而剑走轻灵，以剑制敌，首攻对方四肢，只要敌方手足受创，无力再战，便可为我所乘。就此一事件看来，秦王政无论武功和胆识都比他的曾祖父强。当年渑池之会[6]，为报“（秦王）令赵王鼓瑟”之辱，文弱书生蔺相如请秦王为赵王击缻，秦王本不肯，但蔺相如只说了一句：“五步之内，相如请得以颈血溅大王矣！”秦昭王马上便为赵王击缻。

荆轲自图穷匕见、左手把秦王之袖、右手揕秦王之胸不成后，已知难以生离咸阳宫。兵贵神速，更何况殿下郎中已蠢蠢欲动，荆轲抱着同归于尽的决心，眼见秦王长剑刺来，却不闪不避，仍然往秦王贴身冲去，但求以淬毒匕首，刺上秦王一剑，便可完成使命。只是他低估了秦王长剑的威力，秦王长剑，锋利无比，这一剑直透荆轲腿部筋骨，荆轲跌扑倒地，无力再战。

短兵长用，除了冲入长兵之内近身相搏外，还有一法，就是在长兵范围之外，远距离掷击。只是这一掷极险，孤注一掷，如若不中，便得束手待毙。荆轲已别无选择，短匕脱手飞掷而出。也不知是秦王身手了得，还是荆轲手法欠准，这一掷并未击中秦王，匕首击中桐柱。秦王惊魂甫定，余怒未消，冲步上前，对着手无寸铁、已无力再战的荆轲，连刺八剑。荆轲因缺少了一个得力副手，功亏一篑，未能完成使命。

《史记》记载荆轲谋刺不成，负伤后倚柱而笑，箕踞以骂曰："事所以不成者，以欲生劫之，必得约契以报太子也。"事实上，他知太子丹已难逃杀身之祸，燕国亦将不保，想起太子当日的说辞，便说出这一番话，打算独自一人揽起刺杀秦王之罪责，为太子脱罪，希望秦王能放过太子。这是他谋刺不成后，唯一能为太子做的事。只是这个说法或许骗得了别人，却骗不了秦王，秦王明显看出，在这场搏斗中，自始至终，荆轲都是招招夺命，舍身相搏，哪有丝毫生劫的打算。于是秦王大怒，立即命大将王翦攻燕。王翦大败燕军于当日荆轲辞行道别、那风萧萧兮的易水之侧，接着又攻破蓟城（今北京市西南）。秦军势如破竹，燕王虽献上太子丹的首级，亦难息秦王之怒。五年后，秦军灭燕。

[参考资料]

1. 司马迁：《史记 · 刺客列传》。

2. 按此段不见于《战国策》，应为太史公所补，当是太子丹提出刺杀计划后，鞠武劝他的话。

3. 党士学：《秦陵铜车御者佩饰及“王负剑”考辨》，《秦陵秦俑研究动态》，2008 年第一期。

4. 谭维四：《曾侯乙墓》，浙江文艺出版社，2012 年。

5. 袁仲一：《秦始皇陵考古发现与研究》，陕西人民出版社，2002 年。

6. 司马迁：《史记 · 廉颇蔺相如列传》。

第四篇　何谓书同文字

［提要］后世对“书同文字”的解释是始皇并吞六国后，命李斯做小篆，统一文字，推行天下。其后，又因小篆书写困难，又创造了隶书代替小篆。也就是说，在短短八年（始皇二十六年至三十四年）间，秦始皇两易天下流通的文字。真是如此的吗？李斯为什么要做小篆？秦隶是如何形成的？秦始皇为什么要巡游天下，立石刻碑？

秦始皇初并天下，群臣请分封诸子。廷尉李斯认为周室灭亡，天下纷争，皆源于周室的分封制度，因而独排众议，力主实行中央集权的郡县制。秦始皇同意李斯的主张，认为“天下共苦，战斗不休，以有王侯”[1]，决定实行中央集权制度。实行中央集权，需要全国法度统一，于是始皇又下达“一法度衡石丈尺，车同轨，书同文字”的法令。

春秋战国时代，王令不行，礼崩乐坏，诸侯各自为政，籀文大篆也在各国逐渐演变成为不同的字体。《说文解字·序》中，有三段文字，说及大篆、小篆和隶书的关系：

“其后诸侯力政，不统于王，恶礼乐之害己，而皆去其典籍，分为七国。田畴异亩，车涂异轨，律令异法，衣冠异制，言语异声，文字异形。秦始皇初兼天下，丞相李斯乃奏同之，罢其不与秦合者。

“斯作《仓颉篇》，车中府令赵高作《爰历篇》，太史令胡毋敬作《博学篇》。皆取史籀大篆，或颇省改，所谓小篆也。

“是时，秦灭书籍，涤除旧典，大发吏卒，兴戍役，官狱职务繁，初有隶书，以趣约易，而古文由此而绝矣!”（以下称此段文字为“引文”）。

“引文”第一段说：“秦始皇初兼天下，丞相李斯（按：始皇初兼天下时，李斯的官职应是廷尉，不是丞相）乃奏同之，罢其不与秦合者。”是指李斯建议把田亩、车轨、律令、衣冠、言语、文字等，全都以秦制为标准，公行天下。也就是《史记》所说的“一法度衡石丈尺，车同轨，书同文字”。值得注意的是，《史记》和《说文解字》，都没有明确的说明，“书同文字”是何所指。

后世传统的说法是，“书同文字”就是指秦始皇下令以小篆为全国统一通行的文字。为什么会有这个说法呢？这显然是根据上面“引文”第二段而下的结论。引文第二段说，李斯等人整理大篆而成小篆。由于第二段紧接第一段“李斯乃奏同之，罢其不与秦合者”两句之后，后人把上下文连接而读，很容易便联想认定，“书同文字”指的就是始皇下令全国同用小篆字体。实际上这是一个误解。第二段只应是解释小篆的来源，并不与第一段连接。

第三段则是解释隶书的来源。本段所说的“古文”是指书写缓慢困难的篆书，包括大篆和小篆。许慎说，始皇焚书，“大发吏卒，兴戍役”，官狱职务繁忙，才初次产生了书写快速便利的隶书。问题是，秦国发吏卒，兴戍役，秦律严厉烦琐，官狱职务繁忙，是早已有之的事，并非是始皇焚书后才开始的。而篆书书写缓慢困难，更是篆书与生俱来的，也非始于始皇时代。《说文解字·序》这三段文字，很容易使人误会，以为始皇并吞六国（始皇二十六年，前221年）后，命李斯等人创造小篆，推行天下。其后，始皇焚书（始皇三十四年，前213年），大发吏卒，官狱公文增加，于是又创造了隶书，以取代小篆。

实际情形并非如此。文字的演变是一个缓慢渐进的过程。战国时代，山河阻隔，交通不便，又缺乏快速传递的通信设备，甚至连印刷术都尚未发明，在短短八年（始皇二十六年至三十四年）之内，连续两次更改全国通行的文字，是不可能的事。

由1975年发现的《云梦睡虎地秦简》得知，早在秦昭王元年（前306），书写快速便利的隶书，便已在秦国通行使用。目前所发现最早的秦隶，可见于1979年发现的《青川木牍》。其年代为秦武王二年（前309）。可见由大篆逐渐演变而成的隶书，在始皇之前早已存在。

春秋战国时代，是中国文字演变史上一个极为重要的时代，而“书同文字”，更是中国文字演变中的一个关键时刻。我们可以回顾一下这一段重要历史。

西周年代，人民生活简朴，教育不普及。读书识字，基本上是上层社会的事。当时使用的文字是籀文大篆。大篆主要用于经典书籍、官府文书，以及青铜铭文记事等用途。

到了春秋战国时代，天下纷乱，大篆在各国逐渐演变成不同的字体。同时社会结构亦发生了变化，官学流入民间，教育较前普及，社会上文书往来增加，书写缓慢的大篆已不符合大众的要求。最迟到了战国晚期，大篆在秦国低级官吏和平民百姓之间，已逐渐演变成为书写便利快速的隶书。

秦始皇时代，大篆和隶书是秦国两种主要文字。大篆流通于上层社会，主要用于经典书籍及金石铭文；隶书流通于下层社会，主要用于官府政令及民间书信。懂得大篆的上层人士，大概都兼通隶书；但懂得隶书的下层人士，不一定懂大篆。

秦始皇统一天下后，李斯等人整理大篆而成小篆。此后，小篆取代了大篆，成为标准篆体字。但隶书仍在下层社会中继续流通。

那么，始皇初并天下，下令“书同文字”是何所指呢？我们要注意的是，始皇下的是“书同文字”令，而不是“书同小篆”或“书同隶书”令。“书同文字”这四个字所说的就是要天下人共同使用秦国当时的文字，包括小篆和隶书两种文字。这两种文字用于不同的场合，士人的经典书籍和庆祝大典的金石铭文用小篆，官吏的政令文书和百姓的书信文件用隶书。

自“书同文字”令实行后，全国上下，在不同场合使用不同文字，一直相安无事。始皇三十四年（前213），秦始皇在咸阳宫内大宴群臣，那年他的功业达到了顶峰，博士周青在宴会上献辞，对始皇歌功颂德一番，始皇大悦。不料博士淳于越大唱反调，不但指责周青面谀始皇，还更进一步旧事重提，要求始皇师古殷周之制，分封子弟。当时已身为丞相的李斯闻言大怒，认为淳于越等愚儒“不师今而学古，以非当世，惑乱黔首”，而且对始皇所下的政令，“各以其学议之，入则心非，出则巷议”[1]，非常可恶。

秦以法家治国，如不禁止这些“夸主以为名，异取以为高，率群下以造谤”的言论，“则主势降乎上，党与成乎下”，如何了得！于是李斯提出了一个斩草除根的建议：“非秦纪皆烧之。非博士官所职，天下敢有藏诗、书、百家语者，悉诣守，尉杂烧之。有敢偶语诗书者弃市。以古非今者族”[1]。秦始皇接纳了他的建议。

篆书主要用于诗书百家经典，而篆书也是凭借着诗书百家经典，得以流传应用。当时，早年抄写的经典用籀文大篆，新近抄写的经典用李斯小篆。始皇下焚书令后，使篆书的版图几乎全失，此后篆书仅见用于金石铭文及书法艺术，而隶书从此成为唯一通行天下的实用文字。正如许慎所说的，古文由此而绝矣！

书同文字令，还有很多待解之谜。如始皇为什么不下令“书同小篆”或“书同隶书”，规定天下只用一种文字呢？又如李斯为什么不用已在秦国通行的大篆，而要重新整理出一套新体小篆呢？下面我们就探讨一下这些问题。

始皇初并天下时，篆书是不可废弃的。篆书无论在历史上，还是在文化上，都有其崇高的地位。那时的经典书籍、金石铭文，以及至少部分宫廷档案，全用篆书。早期的秦始皇颇为尊重诸子百家。统一之初，秦代设有七十博士的官职，这些饱学之士，用的全是篆书，懂得篆书也是一种身份的象征。统一后，始皇下令全国统一使用小篆，解决了篆书混乱的问题。

至于隶书，始皇雄才大略，他不会轻言废弃隶书应是在意料之中。始皇鉴于前朝诸侯纷争的弊病，改用中央集权制度。而要使中央集权制行之有效，就必须要有一种书写便利快速，通行于全国官民的文字。隶书正好符合这个要求，所以秦始皇无论如何都会支持继续使用这种通行于全国官民中的隶书。在始皇之前，篆隶并用多年，并没有什么不方便的地方，始皇自然不会贸然下令，废弃任何一种文字。

那么，如果要统一天下篆书，为什么不直接下令，要天下共同使用已在秦国通行的大篆？为什么李斯还要重新整理出一套小篆字体呢？关于李斯创小篆的原因，日后或可以从某些新发现的文物竹简[2]中，找到一些端倪。目前，估计李斯创小篆至少有三个原因：

（一）大篆字体有加以整理的必要。大篆、金文颇多繁复杂乱之处，字体偏旁位置和写法常有不同，书写笔画的顺序，字体的方向，都没有一定的标准，所以有必要为篆字的结构和写法定下一个统一的标准。例如，商代的《后母戊鼎铭文》中，“后”字的方向就和后世的后字相反，成为“司”字状，早年郭沫若等人就曾把它定名为“司母戊鼎”。此鼎现藏中国国家博物馆，该馆把它定名为“后母戊鼎”。后母戊鼎重达八百三十三公斤，是目前所知出土最大最重的青铜礼器。它是商王祖庚或/和商王祖甲兄弟二人，为祭祀他们的母亲妇妌（庙号戊）而铸的，年代约为李斯创小篆前一千年左右。妇妌的丈夫是商王武丁，武丁的另一位王后就是著名的女将军妇好。殷墟卜辞充满了这两位贤能王后的记录，要研究中国古文字，就和他们一家人脱不了关系。

（二）统一各国不同篆书字体。为求一套通行天下的篆书，李斯等人得要参考当时各国不同的大篆字体，截长补短，整理出一套各国人士都能接受的字体。秦国地处西陲，本是文化落后地区，山东各国，尤其是齐鲁等文化古国，其字体应有很高的参考价值。

（三）为始皇立石刻碑之用。这可能是李斯创小篆最重要的原因。始皇初并天下，李斯等人为什么就马上去整理大篆，创造小篆呢？这实在和始皇要勒石刻碑有莫大关系。始皇初并天下，人心未定，于是他巡游天下，立石树威，以镇八方。但当时缺乏一种能通行天下，又可以彰显始皇威德的字体。于是李斯等人迎合始皇好大喜功的心理，参考各国古今字体，创造小篆。小篆字体，典雅庄重，一笔一画，法度森严，用以勒石刻碑，能尽显法家法术势的霸气。李斯才华不凡，出手成章，又能写出一手好书法，小篆更是他亲手所创，所以始皇碑文皆出于李斯一人之手，也就毫不为奇了。

创造小篆取代大篆，须费一番心力；但对李斯而言，这并不算是一件十分困难的工作。李斯早年随荀卿学帝王之术时，对各国大篆字体的优劣，应早已有独到之见，甚至可能早已有整理大篆字体的构想。从始皇初并天下（始皇二十六年），到始皇初立石碑（始皇二十八年），约有两年的时间，李斯虽公务繁忙，他还是可以从容地整理出足够的小篆字体，以供始皇刻第一块及第二块石碑之用。更何况，这些碑文都是李斯撰写的，碑文用字，全在他掌握之中。

据《史记》记载，从始皇二十八年到始皇三十七年，秦始皇巡游天下，一共立了八块石碑，《史记》中录有六篇碑文。他每立一碑文，就等于公布了一批标准小篆。以这些碑文字体为规范，便可以整理出其他文字的小篆字体。

推行“书同文字”的工作，有没有什么困难呢？在上层社会中，推行小篆字体，应该没有什么困难。很多大小篆字体差异并不太大[3]，而各国的上层人士，本来就已通晓多种大篆字体，要他们再多学一种小篆并不费力。再说，小篆是秦始皇用来勒石刻碑的正式标准文字，他下令推行小篆，六国的降臣败将谁敢反对！

但推行隶书的情况就不一样了。统一后，六国地区的中下层官员大部分都是当地人氏，要向这些人以及当地百姓推行秦隶，需要费一番教导功夫。可以说，“书同文字”最费力的工作，就是推行隶书。

当时隶书主要为秦所用，又不能登大雅之堂，所以没有大加整理的必要。但它在演变的过程中，亦可能会受到六国字体及小篆的影响。隶书笔画平顺自然，此后经民间无数才华之手，逐渐演变，终于成为一种敦厚祥和、艺术天成的字体，很为百姓所喜爱。

如前所述，始皇采纳了李斯的建议，焚毁百家经典，此后即使百家经典重出，也不再使用书写困难的小篆，小篆因而退出了实用文字之列，隶书遂成为通行天下的唯一实用文字，小篆成为用于金石铭文的艺术字体。小篆，成也李斯，败也李斯，这恐怕是当年李斯创小篆时，所始料不及的。

始皇碑文，词语深奥，用的又是当时只有少数人懂的小篆，想来始皇立碑之初，本来就没有期望全国黔首百姓，都能读懂他的碑文。他立石刻碑的目的，主要是在扬其威德，传之万世。

一般平民百姓，见始皇巡游天下、勒石刻碑的威仪风光，心生羡慕，或会暗起“大丈夫当如是也!”（刘邦）[4]，或“彼可以取而代也!”（项羽）[5]等念头。至于碑文内容的详情细节，谁去管他！“刘项原来不读书”[6]是有所本的!

［参考资料］

1. 司马迁:《史记·秦始皇本纪》。

2. 新华社2009年11月6日报道，清华大学从海外抢救了一批西汉竹简（即后来所称的“清华简”），据称内有已佚的李斯《仓颉篇》。是否如此，详情待考。

3. 许慎:《说文解字》。

4. 司马迁:《史记 · 高祖本纪》。

5. 司马迁:《史记 · 项羽本纪》。

6. 唐人章碣诗:“竹帛烟销帝业虚,关河空锁祖龙居。坑灰未冷山东乱,刘项原来不读书。”

第五篇　秦始皇评传

［提要］秦始皇的性格是如何形成的？始皇知人善任有些什么特殊例子？始皇蜂准、长目、挚鸟膺、豺声，是怎样一个形象？始皇立有皇后吗？尉缭因何要逃跑？韩非因何被李斯所毒杀？王翦为何能成为战国四大名将中，唯一得以善终的大将？什么原因使秦统一不到十五年就迅速灭亡？先秦战国时代方士对天地自然的观感，如何发展成为道教？始皇因何而死？始皇地宫百官俑应有哪些人物？何谓下铜而致椁？机相灌输的动力来自何方？赵高是在一个什么样的环境下成长的？秦国因何而亡？

秦自商鞅变法后，国富兵强，势不可挡。到秦昭襄王时，七国之中，与秦旗鼓相当，能与之抗衡者唯有胡服骑射的赵国。秦昭王四十七年（前260），长平（今山西高平）一战，赵军全军覆没，白起坑杀赵军四十万人，从此赵国一蹶不振，再也无力与秦争锋了。长平战场的惨烈，经那二百四十个被白起释放的少年回国口述，定然震慑赵人，赵人自是恨秦入骨。

一、少年秦王

就在如此气氛情境之下，长平战后第二年（秦昭王四十八年，前259年），秦始皇在赵都邯郸出生。当时他的父亲子楚为质于赵，是故，嬴政一出生便处于一个举目皆敌的环境。秦昭王并没有把孙子子楚在赵为人质的事放在心上，动辄出兵攻赵。就在嬴政出生那年，秦将王龁连拔赵的武安（今河北武安）、皮牢（今山西翼城）二地。同年，司马梗北定太原。从秦昭王四十八年开始，秦五大夫陵和王龁先后围攻邯郸达两年多之久。秦昭王五十年，赵人忍无可忍，决定杀人质子楚。《史记》："王龁围邯郸，急，赵欲杀子楚，子楚与吕不韦谋，行金六百斤予守者吏，得脱，亡赴秦军，遂以得归。"[1]子楚既已逃走，于是赵人转而追杀子楚一家，赵姬嬴政母子二人。《史记》："赵欲杀子楚妻子，子楚夫人赵豪家女也，得匿，以故母子竟得活。"

母子二人虽得活，但这东躲西藏的日子，必然对幼年的嬴政，在心理上造成极大的阴影。嬴政九岁前，天天面对的，就是这样一个环境，在除他母亲外无人可信的人际关系中成长，养成了他孤僻多疑的性格，在充满敌意的环境中，种下了他复仇雪恨的种子。

秦昭王五十六年，昭王薨，子楚立为太子，九岁的嬴政得以回国。回国后四年内，嬴政的祖父孝文王，父亲庄襄王相继去世，十三岁的嬴政代立为王，吕不韦为相，号称仲父。秦王嬴政生于忧患，少年老成，胸怀灭赵复仇，一统天下的雄心。即位之初，文有相国吕不韦，武有老将王龁、蒙骜，但这显然是不够的，于是秦王招贤纳士，少年秦王就位前十年就重用了大批人才，其中以李斯对嬴政的影响最为深远。

李斯本是楚人，年少时为郡小吏，他在观察比较厕中鼠和仓中鼠生活的不同后，悟得人生中大道理："人之贤不肖，譬如鼠矣，在所自处耳!"[2]从此李斯奠定了他对人生的态度："诟莫大于卑贱，悲莫甚于穷困"，于是他立志要谋求功名利禄，过着荣华富贵的生活。他从荀卿学得帝王之术后，冷静分析当前形势，断定"楚王不足事，而六国皆弱"，只有"秦王（当时是庄襄王）欲吞天下，称帝而治，此布衣驰骛之时而游说者之秋也"，遂舍楚奔秦而去。他来到秦国时，会庄襄王卒，暂时投靠吕不韦，为其舍人。嬴政即位后，吕不韦推荐他为郎中，因而得见秦王嬴政。

李斯见秦王，对秦王说："胥人者，去其几也。成大功者，在因瑕衅而遂忍之。"[2] 劝秦王成大功业要抓住机会，不可迟疑。"今诸侯服秦，譬若郡县。夫以秦之强，大王之贤，由灶上骚除，足以灭诸侯，成帝业，为天下一统，此万世之一时也。今怠而不急就，诸侯复强，相聚约从，虽有黄帝之贤，不能并也。"[2] 秦王从小就立下灭赵复仇、统一天下的雄心，李斯这一说，正合他心意，当下少年秦王就拜李斯为长史，定下计谋，先利诱威逼各国诸侯名士，离间诸侯君臣，再以重兵随其后，威迫利诱，使间用兵，征服六国，统一天下。

李斯是第一个得到秦王重用的文臣，最合始皇心意，其后他从郎中、长吏、客卿、廷尉一直升至丞相。秦王即位前十年，起用的武将则有蒙骜的后代蒙武等人，而战国四大名将之一的王翦，亦应是在这一段时间内得到秦王的赏识和重用的。

嬴政重用人才颇有一些奇特的例子。《史记》："韩闻秦之好兴事，欲罢之，毋令东伐，乃使水工郑国间说秦，令凿泾水自中山西邸瓠口为渠，并北山东注洛三百余里，欲以溉田。"[3] 始皇元年（前 246），韩国为了阻止秦国东侵，竟然想出一条奇计，打算派出水利专家游说秦国，替秦兴建规模宏大、需要大量人力财力物力的水利工程，想以此达到耗费秦国国力，使其无力东进侵韩的目的。按现代的做法，欲阴谋破坏某国，可用物资禁运、科技封锁、增收关税等手段，同时再动用各种宣传攻势、间谍谣言、政治运动，便可导致该国经济衰败、民心涣散、社会混乱，达到了使其不攻自垮的目的。但先秦时期的韩国，不但不行科技封锁之策，反而派出工程师助秦兴建水利工程，想来韩国以往很可能曾有过劳民伤财、大兴水利，最终却工程失败的教训。韩国国小力弱，无法抵抗秦国东侵，又知秦国好兴事，十多年前就曾兴建都江堰水利工程；所以投其所好，游说秦国大兴水利，希望借此耗费其国力，使其无力东进侵韩。这真是一个与众不同的奇思妙想！

但秦自商鞅变法，经六代经营，财力人力充足，有能力负起这项工程重任。而更奇的是，郑国，这位身负间谍重任的韩国工程师，很有工程专业精神，开工后，他似乎已忘却了自己的间谍任务，竟在秦国全心全力，专注于他的工程建设。所以始皇十年，秦国发觉郑国是韩国间谍，欲治之死罪时，郑国为他自己辩护："始臣为间，然渠成亦秦之利也。"[3]秦王认为他说得有理，就让他完成工程。可见秦王，至少在早年，并非暴虐之君，而是能接纳他人意见，谋而后动的能人。此后"（秦）用注填阏之水，溉泽卤之地四万余顷，收皆亩一钟。于是关中为沃野，无凶年，秦以富强，卒并诸侯，因命曰郑国渠。[3]"秦人既得其灌溉之利，不忘郑国之功，就用郑国之名来纪念命名此一水利建设。秦人喜建水利，二十多年后（始皇三十三年），秦人又建了连接湘水和漓水的灵渠。灵渠的主要功能是运输，但亦有灌溉之利。

郑国渠间谍案最终还是引起了一场政治风波。秦王引进各国人才，自是引起了秦宗室大臣的惶恐，生怕外来势力夺走了他们的权益，纷纷要求秦王下逐客令，他们声称："诸侯人来事秦者，大抵为其主，游间于秦耳"[2]。其中最令秦宗室大臣惶恐不安的人物，正是为秦王所重用，而且正在快速升迁中的楚人李斯。于是始皇十年，李斯上书《谏逐客令》，他引经据典，列举秦穆公、秦孝公、秦惠王、秦昭王因重用客卿而称霸天下的例子，暗喻你秦王政如能重用我，亦当如是。李斯能言善辩，动之以利，晓之以理，指出"泰山不让土壤，故能成其大；河海不择细流，故能就其深；王者不却众庶，故能明其德"，"此五帝三皇之所以无敌也"[2]。秦王为其所动，乃除逐客之令，恢复李斯的官职。

此外，尉缭的例子也很奇特。军事专家尉缭本是魏大梁人，来秦游说秦王："以秦之强，诸侯譬如郡县之君，臣但恐诸侯合从，翕而出不意，此乃智伯、夫差、湣王之所以亡也。愿大王毋爱财物，赂其豪臣，以乱其谋，不过亡三十万金，则诸侯可尽。"[4]这和李斯的论调一致，秦王非常高兴，对他非常客气，《史记》："秦王从其计，见尉缭亢礼，衣服食饮与缭同。"

殊不知这一来，却令尉缭心生忐忑。尉缭见多识广，阅人无数，他细察某人的言谈举止就能判断其为人。他说：

“秦王为人，蜂准、长目、挚鸟膺、豺声，少恩而虎狼心，居约易出人下，得志亦轻食人。我布衣，然见我常身自下我。诚使秦王得志于天下，天下皆为虏矣。不可与久游。”[4]

近人对“挚鸟膺”一词的解释，因受郭沫若的影响，认为那就是指鸡胸。实则，鸡胸只是胸骨稍有异常，穿上衣服后，外人根本无法察觉。秦王穿着宽袍大袖的朝服，尉缭根本不可能看出秦王是否有鸡胸。“挚鸟膺”应是指一种气势，也就是指秦王抬头挺胸，双目如炬，显示出有如挚鸟般的强悍气势。同样，“豺声”也不是指秦王说话声如狼嚎，或有支气管炎，而是指他说话声调深沉有力而显威仪。此中只有“蜂准”和“长目”是较为具体的描述。秦王的母亲是个大美人，秦王的蜂准，也就是鼻如悬胆，和颇具威仪的丹凤长目，应是得自母亲的遗传。秦王成长于秦宫之中，从小接受法家思想的教育，言行举止尽显法术势的威仪，顾盼之间，自然会流露出一种法家“少恩而虎狼心”的霸气。而尉缭正是从他的气势、声音、眼神中看到了法家的刻薄寡恩。

尉缭的主张与商鞅酷法不尽相同，他认为人间应有仁义孝慈，他说：“国必有礼信亲爱之义，则可以以饥易饱；国必有孝慈廉耻之俗，则可以以死易生”；他反对不义之战，主张“凡兵不攻无过之城，不杀无罪之人”[5]。尉缭与秦王长谈后，见秦王外表虽谦恭下士，但掩盖不了商鞅酷法的刻薄寡恩，如果他一不小心，不知道变通应对，坚持自己的主张，他很可能因而性命不保。察言观色，尉缭惊觉秦王不可与之久游，于是急忙离去。

秦王见他不辞而别也不在意，竟然派人把他追了回来，并重用他为秦国尉。尉缭是一个战略专家，所以他若担任国尉之职，不参与攻城略地的实际战术任务，还是很适合的。此后虽史无明记，但尉缭老谋深算，他既已了解秦王的性情，又知道官场中的黑暗，也就应该知道如何自处，知道如何避开秦王心中所忌，躲过同僚眼中之妒，在惊涛骇浪中，得以度过平稳的一生。

秦王政虽年少，但知人善任，雄才大略，礼贤下士，登基才十年已储备了大批人才，足供统一天下之用。即位之初，他用人不拘一格，曾设立七十博士官职，兼容诸子百家人才。他广纳言路，上下一心，一切都似乎欣欣向荣，正朝着统一天下的伟大目标前进。

统一天下是长远之计，但始皇九年（前238），嬴政成年，王冠带剑，正式亲政，马上就遇到一个紧急危机，必须即时果断出手解决。此事因帝太后的情夫嫪毐[6]而起。嫪毐自冒充宦官入宫后，深得太后宠爱，与太后生二子后，竟“与太后谋曰：‘王即薨，以子为后’”。嬴政对嫪毐的嚣张行径应早已知晓，只是忍而不发。嫪毐知道风声已露，欲先发制人，趁嬴政刚即位，根基未定，“矫王御玺及太后玺”，发兵造反。秦王不慌不忙，一声令下，一件涉及亲情的大案便就此平定。太后、外戚、宦官、权臣，这些历代野心勃勃的人物，在嬴政执政期间，全无用武之地。

但嫪毒之乱让秦王心理上产生了极大的阴影。帝太后赵姬是嬴政出生后唯一真正能信任的人，今竟与情夫合谋，意图夺他的权，谋他的命，这对嬴政的打击实在是太大了！从此，嬴政多了一个心眼，有了一份心机，变得性情多疑，逐渐做出了很多被后世视为“暴虐”之事，他的事迹加上汉人的渲染，终使他被后世视为暴君。

嫪毒之乱后，太后被逐迁至雍，后来秦王因茅焦的劝说，把母亲接回咸阳，但从此他再也不会给太后任何权力，再也不信任母亲或其他任何后妃了。在嬴政之前，秦国各代太后、皇后权力极大，地位显赫。例如，宣太后手握军政大权，主政秦国达四十年之久；华阳夫人有左右立储之能；秦王亲政之初，太后赵姬的玉玺竟可调动兵马。秦王一生嫔妃众多，但他对她们并无深情，终其一生，不见有皇后的记载，即使立有皇后，这个皇后必然也是没有任何权力地位可言，所以不见于史。嬴政后妃既毫无权力地位可言，所以后来秦二世残杀手足，亦不见有太后或太妃出面劝阻。秦二世甚至把始皇后宫中未有生育的嫔妃，视之如牛马牺牲，不惜违背他祖先秦献公“止从死”的遗旨，全部殉杀。有视后妃如奴仆之王父，自有视太妃如牛马之王子！

二、一统天下

平定嫪毐之乱后，秦国国内政情日趋稳固，秦王开始调动兵马，实行灭赵复仇的心愿。始皇十一年（前236），秦王派王翦、桓齮、杨端和等三员大将直取赵国邺邑（今河北临漳县）之地，连下九城。此后兵分二路，一路由王翦领军攻阏与（今山西和顺县）、橑阳（今山西左权县）；另一路由桓齮取邺邑、安阳（今河南安阳）[4]。

王翦应已从军多年，但这一次出征可能是他被秦王赏识后，第一次担当领军大将的任务。《史记》："翦将十八日，军归斗食以下，什推二人从军。"[4]他到任后十八天内，雷厉风行，着手整顿军队，选拔优秀人员，减退老弱残兵，建立一支精锐部队。此外，桓齮也是一员战功彪炳的猛将，始皇十年桓齮为将军，十一年取邺、安阳，十三年攻赵平阳（今河北临漳县附近），杀赵将扈辄，十四年桓齮攻赵军于平阳，取宜安（河北藁城县附近），杀其将军[4]。赵军连连败北，不得不把北抗匈奴的名将李牧调来抵抗秦军[7]。同年，李牧一出，大败秦军于宜安，桓齮落荒而逃。

赵国名将李牧领军抗秦后，秦军一时难有进展，秦军开始改而攻韩。其实早在始皇十年，李斯已建议秦王"请先取韩以恐他国"[4]。李斯为什么劝秦王先攻韩呢？韩国力弱，李斯估计秦军一攻，韩国必垮，他认为首先把韩灭了，就能振秦军士气，制造他国恐慌，六国一旦惊慌失措，士气全失，秦军就可一一击破。

秦王登基后，心中只知报仇雪恨，全力攻赵，现在军事受滞，顿觉其非，如果与赵军继续相持不下，统一大业将遥遥无期。秦军改而攻韩，是策略上的一个转折点，从此，秦军统一天下的行动变得更加灵活。

秦军转而攻韩，除了因李牧不易击破外，还与韩非有关。韩非是谁？关于韩非其人其事，以《史记》的记载较为可信[8]。《史记》："韩非者，韩之诸公子也。喜刑名法术之学，而其归本于黄老。非为人口吃，不能道说，而善著书。与李斯俱事荀卿，斯自以为不如非"[8]。韩非是李斯的同窗。韩非主张要修明法制以治国，任用贤能以富国强兵。他认为当今最大的弊病是文人侠士不遵守法令，以致"儒者用文乱法，而侠者以武犯禁。"他批评韩王用人不当："宽则宠名誉之人，急则用介胄之士"，"所养非所用，所用非所养"[8]。韩非曾多次上韦韩王，韩王不听。

秦王政求才若渴，他读了韩非的《孤愤》《五蠹》后，非常欣赏韩非，竟叹曰："嗟乎，寡人得见此人与之游，死不恨矣！"[8]李斯听到秦王之言后，定会浮想联翩。"（韩非）与李斯俱事荀卿，斯自以为不如非"[8]，韩非本就是李斯心中的劲敌，现在秦王如此看重韩非，李斯心想，若韩非一旦为秦王所用，他自己在秦的地位很可能就会被韩非所取代，多年来他苦心经营的荣华富贵将会烟消云散。诟莫大于卑贱，悲莫甚于穷困！李斯如何受得了！积妒成恨，李斯心中暗起杀机。

李斯应早已料到，如果秦王得知此两篇作者正是现在韩国的韩非，攻韩之心必然会更加坚定，秦军攻势会更加凌厉，而李斯就更容易在战乱中伺机把韩非杀了，使之不得为秦王所用。于是李斯告诉秦王，《孤愤》《五蠹》两篇作者正是在韩国的韩非，秦王闻言后，果然因此而下令急攻韩[8]，以求得早见韩非。

但李斯可能没有预料到，当韩王得知秦王急攻韩的目的，竟是为了得早见韩非后，竟直接就把韩非送过来了。《史记》："韩王始不用非，及急，乃遣非使秦。"[8]韩王"遣非使秦"是什么意思？是派韩非使秦，游说秦王退兵吗？韩非为人口吃，派他出使游说，并不合适。再说，韩非本人对说客没有好感，在他心目中，说客都是些"淫浮之蠹"[8]，他本人会违反自己的主张去当说客吗？

那么韩王遣非使秦的目的何在？据《史记》记载，韩非到秦后，"秦王悦之，未信用"[8]。除了"未信用"这一记载外，《史记》中完全没有提到韩非到秦后，对秦王说过些什么话、做过些什么事，可见韩王派韩非赴秦，并不是要他出使办外交，做说客。那是为什么呢？秦王说过，"嗟乎，寡人得见此人与之游，死不恨矣！"可见秦王对韩非的喜爱，这是韩王知道的。如此说来，韩王派韩非到秦的目的就很明显，很单纯了。韩王对韩非的治国理论不感兴趣，韩非长于笔，拙于言，韩王每次听到他结结巴巴说个不休，就会十分烦厌。现在既然秦王下令急攻韩，志在得见韩非，如果见不到韩非，秦一定会把韩灭了，那何不就把韩非献给秦王，说不定秦王得其所求，就此收兵。这就是韩王遣非使秦的目的。

因此，韩王“遣非使秦”应该是韩王把韩非送给秦王的意思，其中并无派韩非出使，为韩游说的目的。当时很多人可能都认为韩非的治国理念合乎秦王的胃口，预料秦王见到韩非后定会重用他，但没想到秦王悦之，而不用之。此时，唯有李斯对秦王和韩非两人的性情思想了解最为透彻，秦王不马上任用韩非，大家可能都很惊讶，但对李斯而言，却是在意料之中。

秦王得见韩非，非常高兴，但此时的韩非乃是敌国公子，多疑的秦王一时不敢用他。而韩非是一个说话谨慎的人，正如他在《说难》中所说：“凡说之难，在知所说之心，可以吾说当之。”说话之前要知道对方的心意。但知道对方心意，并不一定就可以畅所欲言，“夫事以密成，语以泄败”。韩非显然已知秦王之心，但他也知道他自己身为韩公子，身份尴尬，秦王对他有所疑虑，不会信用他，再加上他口吃，初见秦王时，自己最好少说。秦王初次见到他所崇拜的作者，但因时机环境特殊，一时两人竟无法深谈！

李斯清楚知道秦王目前不敢信用韩非，于是顺其心意，对秦王说，“韩非，韩之诸公子也。今王欲并诸侯，非终为韩不为秦，此人之情也。今王不用，久留而归之，此自遗患也，不如以过法诛之”[8]。“非终为韩不为秦”正是秦王当时心中的顾虑，于是就下令把韩非暂时关禁起来。但秦王当时应不会有“以过法诛之”的打算，他极可能只是想暂时把韩非软禁，打算灭韩后再释放他。后来秦王果然想释放韩非，但为时已晚，李斯抓住机会，已把韩非毒杀狱中。

韩非初见秦王时，无法一吐胸中抱负，等到他被李斯下狱监禁，送上毒药时，韩非才要求面陈秦王，但为时已晚，此时李斯当然不会让他得见秦王了。太史公说：“余独悲韩子为《说难》而不能自脱耳。”[8]太史公有感于韩非，空有一肚子学问，写出《说难》一文，但因当时环境特殊，人又口吃，竟被当年同窗所算，没有机会应用《说难》中的理论，为自己解说脱身。

始皇十七年（前230），秦只派内史腾出马，就把韩国灭了。秦灭韩后，始皇十八年（前229），王翦再度攻赵，赵派李牧应战，此时李牧因大败秦将桓齮，已被封为武安君。两强相遇，鹿死谁手？只是这一次王翦攻赵早已定下计谋，依计行事，秦先行贿赂赵王宠臣郭开，用反间计杀了李牧[7]。李牧一除，始皇十九年，王翦领军陷邯郸，虏赵王。秦王政终能亲赴邯郸，尽杀当年仇家。

赵王迁被俘后，赵公子嘉率领数百族人逃到代，自称代王，打算与燕联手抗秦。此时王翦屯兵中山，正准备攻燕。始皇二十年（前227），燕太子丹见秦军压境，心急如焚，催促刺客荆轲刺杀秦王[9]。荆轲缺乏得力副手配合，匆忙出击，秦王拔剑自保，逃过一劫，于是秦王大怒，下令王翦立即攻燕。

王翦领军攻燕，燕代联军合力抵抗，但代王的几百家丁哪有什么战斗力，所谓燕代联军其实就是燕军，秦军大败燕军于易水（在今河北易县附近）之西。次年（始皇二十一年）十月，秦军陷燕都蓟城，燕王喜及太子丹败走辽东。王翦定燕都后，料定燕王已穷途末路，不堪一击，自己先行班师回国，只派手下年轻大将李信领军数千，急追燕王。

燕王前无去路后有追兵，这时代王嘉替他出主意："秦所以尤追燕急者，以太子丹故也。今王诚杀丹献之秦王，秦王必解，而社稷幸得血食。"[10]此时太子丹藏匿在衍水（今辽阳太子河）一带。燕王早已六神无主，听了代王嘉之言，就真的把太子丹杀了，把首级献给李信。罪首太子丹既死，秦军攻燕王、杀太子丹的目的已达，就暂时对燕休兵，李信回国，另有重任。

王翦东征，陷邯郸、虏赵王、败燕军、定蓟城，势如破竹，军功彪炳。王翦老谋深算，知道物禁大盛，不似李斯身心全陷入功名利禄之中，大概此时王翦早已有功成身退、告老还乡之想，正计划把征战事业交给儿子王贲接手。王贲也不孚众望，始皇二十一年，王贲大败楚军。次年（始皇二十二年），王贲征楚回师，引河沟灌魏都大梁，大梁城陷，魏王降。

此时韩、赵、魏已为秦所灭，燕、代远走辽东，齐不足虑，迟早是囊中之物。秦人攻城略地，行远交近攻之策，此时远虽不必交，但近必须攻。楚为秦之近邻，地大物博兵足，又有名将项燕坐镇，乃是秦背上之刺，心腹之患，不可不除。秦军东征以来，连战皆捷，秦王意气风发，见楚曾数次为秦军所败，料定征楚易如反掌。秦王问得胜回国待命的李信："吾欲攻取荆，于将军度用几何人而足？"[11]刚刚取得太子丹首级、回国复命的年轻大将李信，信心十足："不过用二十万人。"这个数目可能和秦王心中估计相差无几。

早年的秦王和他的祖先秦孝公一样，很能征求各方不同意见，于是秦王又转问王翦，王翦却说："非六十万人不可。"王翦是沙场老将，他的儿子王贲曾败楚军，王翦知彼知己，一口咬定，灭楚非六十万兵力不可。秦王认为王翦年老胆怯，于是决定派李信出征。王翦早有退休的打算，正好乘机告老还乡，返回老家频阳（今陕西富平县）。

李信征楚，先小胜。其后楚军不眠不休，尾随秦军三日三夜，入两壁，杀七都尉，大破秦军。消息传到咸阳，"始皇闻之，大怒，自驰如频阳。"[11]秦王闻李信兵败，马上到频阳去找王翦，答应给他六十万大军，请他重披战袍，王翦出征时还亲自到灞上送行。秦廷满朝文武大臣中，以尉缭和王翦对秦王的性情和秦朝廷的政治环境了解最为透彻。在名利场中，如果能力出众、个性张扬、不知收敛，一旦功高震主、同僚侧目，下场都会很凄惨，商鞅、白起、范雎、韩非都是例子。王翦领兵六十万，几乎带走全国精锐兵力，一不小心，就会引起秦王猜疑，而秦王亲自送行，更会引起群臣嫉妒。

于是王翦心生一计，急忙向秦王求田要地，公开显示自己一心只想解甲归田，享天伦之乐，以除秦王之疑，去群臣之忌。秦王见王翦毫无野心，大悦。王翦出征，大败楚军，于始皇二十四年（前223）灭楚。此后，秦军势如破竹，王贲于始皇二十五年灭燕、代，二十六年（前221）灭齐。秦王终于征服六国，天下归一。

秦王对他自己为何要征服六国，则另有解释。秦王说："异日韩王纳地效玺，请为藩臣，已而倍约，与赵魏合从畔秦，故兴兵诛之，虏其王……赵王使其相李牧来约盟，故归其质子，已而倍盟，反我太原，故兴兵诛之，得其王。赵公子嘉乃自立为代王，故举兵出灭之。魏王始约服入秦，已而与韩赵谋袭秦，秦兵吏诛，遂破之。荆王献青阳以西，已而畔约，击我南部，故发兵诛，得其王，遂定其荆地。燕王昏乱，其太子丹乃阴令荆轲为贼，兵吏诛，灭其国。齐王用后胜计，绝秦使，欲为乱，兵吏诛，虏其王，平齐地。"[4]

总之，都是别人的错。最妙的是，他不好重提荆轲入秦刺杀他之事。不想有人想起他曾订立疑神疑鬼的法令："群臣侍殿上者，不得持尺寸之兵；诸郎中执兵皆陈殿下，非有诏召，不得上。”更不想重提因事发突然，卒起不意，不及召兵，以致割袍断袖，狼狈不堪，大失王威之态。所以，对于此一事件，他只轻描淡写：“太子丹阴令荆轲为贼”，用一个“贼”字轻轻带过。

三、严刑峻法

始皇二十六年，六王毕，四海一，天下大定，开前所未有之局，于是秦王召集群臣大会，商议定下国家法律典章制度，以传之万世。秦王认为“寡人以眇眇之身，兴兵诛暴乱，赖宗庙之灵，六王咸伏其辜，天下大定，今名号不更，无以称成功，传后世。其议帝号”[4]。秦王一统天下，虽已踌躇满志，但觉得如果名号不改，就无以称成功，也就不能传之后世，所以首先要做的就是更改称呼名号。李斯等大臣建议，天子自称为“朕”。秦王综合众议自订“朕为始皇帝。后世以计数，二世三世至于万世，传之无穷”。同时又强调为政之道要合五德之数，行法家之术，也就是要“刚毅戾深，事皆决于法，刻削毋仁恩和义”[4]。他认为，统一天下皆得力于法家主张，所以此后更要加强推行刻薄寡恩的严刑峻法，不谈仁恩和义，才能传之万世。

秦律早佚，现可从1975年出土的云梦秦简[12]中略窥大概。以徒刑为例，从盗窃、私斗、失职或其他轻罪都可能被判徒刑。骊山徒刑似乎并不一定有期限，甚至可以随意延期。按《史记》“于是急法，久者不赦”[4]的说法，徒刑犯很可能会成为终身苦役。所以秦二世为了抗击起义军，赦骊山徒时，没有受过严格军事训练的徒刑犯，为了可重获自由，奋力战斗，居然在遇到项羽楚军之前，每战皆捷！在秦始皇陵骊山徒乱葬墓中，曾发现有幼童的尸骨[13]，这些幼童的父母很可能是隐宫刑徒。隐宫是刑徒免罪后的服役场所，赵高就是在隐宫中出生长大的（见下文）。可见当时民间生活困苦，一人判刑可能全家都得过着衣不蔽体、食不果腹的刑徒生活。

始皇对后世生活影响最大的当是“一法度衡石丈尺，车同轨，书同文字”，尤其是“书同文字“，这个文字统一运动，定下了日后汉字的结构标准和演变的方向[14]，有助于国家民族的统一。秦政府的官僚系统也是影响深远的，基本上，这个官僚制度被中国帝皇沿用了两千多年。始皇最大的政制改革当是废分封建郡县。李斯认为周代分封太多，后代各诸侯关系日渐疏远，互相攻击如仇雠，以致天下纷乱，所以要中央集权，改用郡县制，认为政令统一，天下无异议，才是安宁之道。秦始皇亦认为“天下共苦战斗不休，以有侯王”[4]，同意李斯的主张。

他们看得很远，检讨周文武的分封制度后，鉴于春秋战国的纷乱，决定废分封改郡县，以防后世子孙的纷争。子曰：“人无远虑，必有近忧”；但人有远虑，未必就没有近忧，只是他们视而不见而已。始皇误以为他能统一天下，就是因为秦有刻薄寡恩的严刑峻法，因而忽略了他的近忧，没有考虑到大乱之后，应与民休养生息，促进文化发展，反而更大力推行愚民苛政，增加徭役赋税，百姓生活更加艰难，以致始皇一死，权威一失，强秦就迅速冰消瓦解。

四、立石刻碑

始皇统一天下后，六国势力犹存，天下人心未定，稍有不慎，便会群雄并起，纷乱不休，于是始皇巡游天下，立石树威，以镇八荒。根据《史记》记载，始皇统一天下后的次年便开始巡游天下，十年内一共出巡五次，立八石。《史记》中录有始皇碑文六篇。

第一次出巡是始皇二十七年（前220）。（一）巡游路线：始皇巡陇西（今甘肃东南部一带）、北地（今甘肃东南与陕西西部一带），出鸡头山（在今甘肃平凉市），过回中（宫名，在今陕西凤翔县）。这一次应是试测性质，所巡之地离咸阳不远，大抵都在今日陕西甘肃一带。（二）立石刻碑：没有立石刻碑。

第二次出巡是始皇二十八年（前219）。（一）巡游路线：东行，上邹峄山（在今山东邹县）、泰山，沿渤海东经过黄（今山东黄县）、腄（今山东福山县），到芝罘（今山东烟台），登琅邪（在今山东胶南市），还过彭城（今江苏徐州），渡淮水，之衡山（今湖北黄冈一带）、南郡（今湖北江陵一带），浮舟洞庭湖，再经南郡，入武关（今陕西丹凤县），回咸阳。（二）立石刻碑：到泰山封禅（在泰山祭天为封，在泰山南支脉的梁父山祭地为禅）。共立四石。《史记》中录有梁父山及琅邪台两篇碑文。

第三次出巡是始皇二十九年（前218）。（一）巡游路线：东游至阳武（今河南原阳县），博浪沙（在今原阳县东南），登之罘、琅邪，经上党（今山西长治），回咸阳。（二）立石刻碑：登之罘，立二石，刻二文，《史记》中有两篇之罘碑文。

第四次出巡是始皇三十二年（前215）。（一）巡游路线：之碣石（山名在今河北昌黎县）。（二）立石刻碑：在碣石立一碑，《史记》中有一篇碣石碑文。

第五次出巡是始皇三十七年（前210）。（一）巡游路线：东至云梦（在今湖北潜江县），九嶷山（在今湖南宁远县），浮长江而下，过丹阳（今安徽当涂县附近），至钱唐（秦县名，在今杭州附近），临浙江（即今钱塘江），上会稽（山名在今浙江绍兴市附近）。还过吴（今江苏苏州），从江乘（在今江苏句容县），沿海北上到琅邪，改乘船沿岸北上经荣成上（即成山）到之罘，回咸阳至平原津（在今山东平原县）而病，续西行，崩于沙丘平台（在今河北广宗县）。（二）立石刻碑：在会稽立一碑，《史记》中有一篇会稽碑文。

始皇立的第一块石碑是第二次出巡（二十八年，前219年），立于邹峄山的峄山碑，《史记》中有“上邹峄山立石”的记载，但并无收录碑文。西安碑林有峄山碑宋代刻本。今山东邹城孟庙内亦立有始皇峄山碑文，据说是后人根据原碑残缺拓片重刻的。始皇碑文应都是李斯用小篆所写[14]，碑文虽然都是歌颂始皇功德的文章，但我们也可以从中发掘到一些有趣的内容。

始皇二十八年所立的梁父山碑文说："皇帝躬圣，既平天下，不懈于治，夙兴夜寐，建设长利。"此言不假，始皇确是非常勤政，据方士侯生、卢生说："天下之事无小大，皆决于上，上至以衡石量书，日夜有呈，不中呈不得休息。"始皇是以公文简的总重量，亦即简的总数量，来计算当天的工作量。每日对自己的工作量都有一定的要求，确很勤奋。此外，长途巡游，乘马车往返于咸阳与东海之滨，也是很劳累的事，最后始皇死在出巡路上，这应与他工作过劳有关。

二十八年所立的琅邪台碑文说"（始皇）功盖五帝，泽及牛马"，并批评三皇五帝，认为"古之五帝三王，知教不同，法度不明，假威鬼神，以欺远方，实不称名，故不久长"。这显然是李斯的口吻，秦王初并天下时，李斯在群臣大会上就曾说过："今陛下兴义兵，诛残贼，平定天下，海内为郡县，法令由一统，自上古以来未尝有，五帝所不及。"琅邪台碑石现存中国历史博物馆，唯已漫漶不全。

原始时代，有感于天地之无常，命运的不可测，先民都以鬼神之说来解释万事万物。殷商代时，鬼神之说达到了顶峰，为了与鬼神沟通，商人还发明了龟卜之术。但进入春秋时代后，人本思想抬头，诸子百家除墨家外，都避免谈鬼神之说。孔子说，"未知生，焉知死"，所以子不语怪力乱神。老子说，“人法地，地法天，天法道，道法自然”，主张以道来解释宇宙一切事理，不涉鬼神。而法家则认为天下大乱是因为“法令不行”，所以琅邪台碑文批评古之五帝三王，假鬼神之威，欺世盗名。始皇根本不把迷信鬼神法力的三皇五帝放在眼内！

立于始皇二十八年的两篇碑文，内容都是歌功颂德。第一篇梁父山碑文，说的是始皇“初并天下，罔不宾服”，“治道运行，诸产得宜，皆有法式”，已达到了“贵贱分明，男女礼顺，慎遵职事。昭隔内外，靡不清净”之境。第二篇琅邪台碑文歌颂当今天下，在始皇统治下，已是“黔首安宁，不用兵革，六亲相保，终无寇贼”。此时始皇统一天下不久，刚定下各种基础制度法令，似乎一切都进展顺利，天下太平，于是踌躇满志，心情愉快，这两篇碑文都不谈六国之事。

二十九年，始皇在博浪沙受到韩国贵族张良攻击后，碑文开始有所变化，开始批评六国，提醒民众住日六国的暴政，歌颂始皇救民的功德。之罘碑文说：“（六国）贪戾无厌，虐杀不已”，因此“皇帝哀众，遂发讨师”，终于“烹灭强暴，振救黔首，周定四极”。是始皇消灭了六国暴政，解救了天下百姓。这篇碑文要六国遗民了解，你们以往生活在六国暴政之下，是我这个皇帝解救了你们。

此后，始皇疑虑日深，料定那些六国遗臣贵族很可能会称兵造反。三十二年，始皇巡至碣石（今河北昌黎），见碣石城墙高大，形势险要，易守难攻，于是“坏城郭，决通堤防”，破坏了碣石的防御工事，并在城门上刻石。碣石碑文说：“皇帝奋威，德并诸侯，初一泰平。堕坏城郭，决通川防，夷去险阻”。夷去险阻，使造反者无法负隅顽抗，大家就可以“男乐其畴，女修其业”，过着安居乐业的日子了。

始皇三十七年，始皇最后一次出巡，到会稽立石刻碑时，更加强调六国的贪戾暴虐：“六国专倍，贪戾傲猛，率众自强，暴虐恣行，负力而骄，数动甲兵，阴通间使，以事合从，行为辟方，内饰诈谋，外来侵边，遂起祸殃。”于是始皇“义威诛之，殄熄暴悖，乱贼灭亡”，强调始皇铁腕可安天下。跟着，碑文还指出当时社会上一些如“夫为寄豭”“妻为逃嫁”等不良风气，所以始皇要“大治濯俗，天下承风，蒙被休经”。听起来，始皇似乎还是一个德高望重的严师！最后他告诉大家：“黔首修洁，人乐同则，嘉保太平。后敬奉法，常治无极，舆舟不倾。”也就是说，只要大家德修品洁，人人守法，就能永保太平；只要后世尊重法律，就能长治久安，邦国永固不灭。这应该是秦始皇留给全国百姓的最后遗言了。

五、不死之药

始皇二十八年出巡是始皇首次远游，他离开牍案劳形的咸阳宫，一路饱览壮丽山河，心情相当愉快。泰山封禅后，下山时大风大雨，但也不影响他的心情，他就在一棵大树下避雨，那棵树因护驾有功，还被他封为五大夫。此后他沿渤海东行，先立石之罘，再南下到琅邪，立石刻碑琅邪台，始皇大乐，在琅邪停留了三个月。他一路走来，定然听了不少传说，对着茫茫大海，产生了无限的遐思。

此时方士徐市（福）适时出现。《史记》："齐人徐市等上书，言海中有三神山，名曰蓬莱、方丈、瀛洲，仙人居之，请得斋戒，与童男女求之。"[4]方士徐市，混迹江湖，能言善道，他在书中定然把那些不死仙人描述得活灵活现，始皇阅后，不由得就信了几分，马上答应其所求，资助他入海求仙。

回程中，始皇路过彭城（今徐州），他想起大禹九鼎落入泗水的传说。大禹九鼎乃国之重器，历经夏商周三朝，秦代周德，九鼎自应复归于秦，于是始皇斋戒祷祠，动用千员民工，欲出九鼎于泗水，可惜却遍寻不获。

始皇这次出巡，初得天下，饱览无限风光，心情愉悦，但听了徐市的神仙故事，又寻鼎不获后，心中定有不少感触，他贵为天下至尊，千古一帝，但欲寻一鼎而不可得，人生苦短，正是，感人生之须臾，羡天地之无穷！

始皇一路继续往西南而行，这日到了洞庭湘山祠，突然刮起了大风，一问之下，得知这湘山祠祭的是尧之女、舜之妻，娥皇、女英二人。这时始皇已没有在泰山遇风雨时的好心情。三皇五帝他都不放在眼内，现在这两个妃子居然敢刮起大风，阻挡他的行程！于是始皇大怒，马上下令，动用三千刑徒，把湘山的树木砍伐清光！

当时如徐市之类的方士一定不少，得知始皇大力资助徐市等人后，各地江湖术士纷纷前来，都欲分得一杯羹。始皇三十二年，巡至燕地，燕人卢生前来游说，始皇便让他去寻找仙人羡门、高誓，又让韩终（众）、侯公、石公等术士寻求那不死之药。

打铁趁热，卢生不久便自称入海归来，向始皇胡乱编了一些鬼神故事，还带回一份类似谶纬的图书，上面赫然有“亡秦者胡也”字样。何谓“胡”？后世好事之徒，附会其说，认定图书真的出自不死仙人之手，仙人能预知未来，所以“胡”就是指胡亥。实际情形当然不是如此，图书为卢生的伪作，卢生极可能根本不知道始皇有胡亥这个没有什么才气、不引人注目，又是未成年的少子。卢生的“胡”，当然就是指北方胡人了。卢生是燕人，他对匈奴南侵之害有亲身体验，胡人凶悍善战，来去无踪，卢生真的相信，若胡人大举南侵，秦必为其所灭，他认为“亡秦者胡也”这个预言是很真实的，所以他才敢伪作图书。

始皇心中不忘寻找仙人，求那不死之药，对卢生的图书也许只是半信半疑，但他知道北方边境情况危急却是真实的，他早就有北上抗胡的意图，所以当即乘机派蒙恬领军出击。卢生借机向始皇提醒北方大患，也算是对故国燕人及当今秦国做了一件好事！蒙恬一出，即北却匈奴七百余里，威震匈奴，以致胡不敢南下而牧马，士不敢弯弓而报怨。

卢生虽敢于装神弄鬼，伪造图书，但如果说到不死之药，卢生真的不敢凭空作假，“秦法，不得兼方，不验辄死”[4]，如果他敢拿些假药胡乱充数，马上就会人头落地。如此又过了几年，卢生始终无法找到不死之药。

始皇三十五年，为了稳住始皇，同时也为了能把始皇玩弄于股掌之上，卢生想出了一条孤立始皇之计。他对始皇说：“臣等求芝奇药仙者常弗遇，类物有害之者。方中，人主时为微行，以辟恶鬼。恶鬼辟，真人至。”[4]他要求始皇隐蔽居所行踪，避开恶鬼，真人就会出现。始皇真的听了他的话，从此行踪诡秘，不为人知。始皇一心求不死之药，竟中了卢生的连环诈骗之计！

什么是“真人”呢？根据卢生的解释，“真人者，入水不濡，入火不爇，陵云气，与天地久长。”此时至尊之位对始皇已没有多大意义，他求的正是要成为一个与天地长存的真人！于是他说：“吾慕真人，自谓‘真人’，不称‘朕。’”[4]他渴望成为真人，连“朕”这个经六代经营，十年征战，好不容易得来的自我尊称，也可以不要了！始皇此时已四十八岁，多年劳累，身心俱疲，看来他是想退休，与神仙神游于天地之间了，但皇帝是终身职，是不能退休的！

行骗是很费心思的事，得要不停使用以骗解骗的连环套路，才能勉强维持下去。卢生等人面对严峻的秦法，“不得兼方，不验辄死”，越想越怕，于是侯生与卢生等人相议：“始皇为人，天性刚戾自用，起诸侯，并天下，意得欲从，以为自古莫及己……上乐以刑杀为威，天下畏罪持禄，莫敢尽忠。上不闻过而日骄，下慑伏谩欺以取容……天下之事无小大皆决于上”，最后他们声称：“（始皇）贪于权势至如此，未可为求仙药。”[4]言尽于此，二人诋毁始皇一番后，急忙逃之夭夭。

卢生逃亡后，始皇怒骂：“今闻韩众去不报，徐市等费以巨万计，终不得药，徒奸利相告日闻。卢生等吾尊赐之甚厚，今乃诽谤我，以重吾不德也。诸生在咸阳者，吾使人廉问，或为妖言以乱黔首。”值得注意的是，始皇怒的是卢生等人诽谤他，而非欺骗他，他还是相信世间确有不死之药的。说到诽谤，他马上就想起咸阳诸生横议政事、胡言乱语，正如李斯所说的：“诸生不师今而学古，以非当世，惑乱黔首……人闻令下，则各以其学议之，入则心非，出则巷议，夸主以为名，异取以为高，率群下以造谤。”想到此，始皇怒不可遏，马上话锋一转，不再提方士之事，而矛头直指咸阳诸生，“于是使御史悉案问诸生，诸生传相告引，乃自除犯禁者四百六十余人，皆坑之咸阳，使天下知之以惩后。”[4]

坑儒案一年多后，始皇三十七年，方士徐市再度出现，再度使用与卢生相同的连环套路诈骗，他告诉始皇“蓬来药可得，然常为大鲛鱼所苦”，也就是把卢生套路中不存在的恶鬼，换成真实存在的大鱼，徐市居然又一次诈骗成功，始皇真的跟他出海，用连弩射杀了一条大鱼！

这些江湖术士中，以韩终胆子最小，仅出现一次便一走了之，不敢再来。卢生等胆子较大，连骗两次，得到不少钱财后，最后无法自圆其说，只好逃之夭夭。徐市胆子最大，他花费了始皇大量金钱，带走了数千童男童女，还把始皇诳到海上射杀一条大鱼。不久始皇一死，天下大乱，此后徐市的行踪成谜。徐市家大业大，又擅长航海，所以后世传言他东渡日本。秦始皇为了寻找那不死之药，动用了巨额钱财，花费了大量时间，最终一无所获！

江湖术士徐市，后来真的移民海外了吗？确有可能！徐市一再诈骗始皇，知道骗局迟早会被拆穿，等着他的是严刑峻法，而他有大量家产，又有一大批家人奴仆，不能像韩终、卢生等人一样，单枪匹马，一走了之。徐市最后一次骗始皇出海射杀大鱼后，还是找不到不死之药，他知道已无法再骗下去，于是回家后，马上带领族人，远走高飞。徐市本来就有东航到日本的经验和装备，东渡日本是他的最佳逃亡选择。同时，因为李斯秘不发丧，徐市并不知道秦始皇射杀大鱼，上岸不久后就死了，等他知道始皇已死，已是很久以后的事。此后天下大乱，楚汉相争，他早已定居日本，不再回国了。

齐鲁一带什么时候开始有人出海移民呢？早期沿海一带居民，由于各种原因，总会有一些人，偶尔漂流到东海某些岛屿定居。到了春秋时代，齐鲁一带可能已有人正式出海移民了，所以孔子才会发出“道不行，乘桴浮于海，从我者其由与!”（《论语·公冶长》）之叹。孔子说话，言必有据，如果大海茫茫，无地可栖，他是不会说什么乘桴出海的。但是出海移民，毕竟比周游列国要艰辛得多，所以孔子说完“乘桴浮于海”后，又加了一个备注：“从我者其由与!”子路好勇尚武，身强力壮，不畏艰难，被孔老夫子指定为首选的移民随从，其他人，如颜回等文弱书生，就免谈了!

另一个疑问是，那时的造船和航海技术如此先进吗?船只能够越海东渡吗?如前所述，始皇最后一次出巡时，北至琅邪后遇徐市，琅邪是徐市的地盘，徐市求始皇出海射杀大鲛鱼。此后始皇走了一段海路，其路线是：由琅邪（今山东胶南县）北至荣成山（在山东半岛东端，即今荣成市一带），至芝罘（今山东烟台）。走的是沿着大半个山东半岛海岸线的水路，这次沿海航行的船只应是徐市提供的。此时是始皇三十七年，始皇从三十五年起大开杀戒，徐市是知道的，这次航行如果有任何风险，徐市罪责难逃，可见徐市对那一带的航行极具信心。可以说，对齐鲁一带的船家而言，从山东半岛出发，沿着山东半岛及朝鲜半岛东行，越朝鲜海峡，抵达日本，并非十分困难之事。实际上，齐鲁渔盐之业开发甚早，造船和航海技术已达相当水平。

值得注意的是秦国那条与药物有关的法律："不验辄死。"这条法律颇符合现代药物管理法精神，现代药物要经过严格的测试，不得出售无效的假药，否则要受到法律制裁。面对严刑峻法，不验辄死，方士们哪敢作假！后世被江湖术士用假药毒死的皇帝不少，秦始皇比他们聪明多了！

始皇热衷于成为仙人是一种怎样的思想呢？他既不把"假威鬼神，以欺远方"的三皇五帝放在眼内，那么他信奉仙人，是否也是一种虚无的迷信呢？不是的！至少始皇认为不是的，他认为仙人是真正存在的，对他而言，成为仙人不是幻想，而是实在可行之事。

鬼神则是另一回事，当时各家对鬼神的看法各有不同。墨子认为："今若使天下之人，皆若信鬼神之能赏贤而罚暴也，则夫天下岂乱哉！"[15]墨子的说法，基本上和后世外来宗教地狱天堂惩赏世人的说法相同。但文明进步，人本意识抬头后，儒家认为人生而有良知，不必通过鬼神恐吓的手段来治理天下。所以孔子主张敬鬼神而远之，认为要通过德行的修养，即可达到齐家治国平天下的目的。道家则认为天地本有自然法则，主张"人法地，地法天，天法道，道法自然"，最终归真返璞，才是处世的根本道理。始皇则尊崇法家，反对远古时代的假威鬼神以欺百姓，而主张以严刑峻法治理天下。

始皇并不否认鬼神的存在，但他认为天下大乱是因为法令不行，与鬼神无关，鬼神也要遵守法令，始皇本人也有对鬼神行使重赏严罚之权；例如湘山髡顶，就是始皇对湘山鬼神的惩罚。基本上，始皇这套巡游天下，长生不老成为真人的想法，也就是先秦方士对天地自然的观感，对人生的企望。后世把先秦方士这种对生死的认知，结合先秦的道家思想，产生了道教。中国道教与外来宗教最大的差异就是道教不谈天堂地狱，道教热爱人世间。道教最高境界不是上天堂，而是在人世间修炼成仙。道教修行注重修身养性、炼丹健身、天人合一、道法自然，这与今日医学养生所主张的心理健康、运动营养、保护自然，不谋而合。

六、身心俱疲

始皇出巡，冒着相当大的人身安全危险。当时天下初定，大乱之后，治安不佳，六国被灭，各地待机而起的六国遗民贵族定然不少。根据《史记》记载，始皇曾两次遇险：（一）始皇二十九年第三次出巡，行至阳武博狼沙（或博浪沙，在今河南原阳县东南）时，始皇遇到张良的狙击，因力士刺客误中副车，始皇得以逃过一劫；（二）始皇三十一年，始皇夜出微行，逢盗兰池。这两次事件发生于统一后早期。第一件是政治性的谋杀事件，情况严重，但始皇只下令天下大索十日，找不到刺客凶手也就算了。第二件是治安性事件，强盗已被始皇护卫所杀，但因发生于首都咸阳，始皇下令关中大索二十日，追查同党。始皇对这两事件的处置，可说是相当恰当，没有残杀无辜。

第一和第二次（始皇二十七年和二十八年）出巡，始皇巡游千里江山，眼见天下初定，心情很是愉快，但此后遇到徐市说仙、寻鼎不获、湘山大风、张良狙击、兰池遇盗等事件，始皇心情开始低落，他想到人生有限，世事凶险，开始寻求解决之道。为了解决人生有限的问题，他尝试寻找那不死之药；为了化解世事凶险，他想到了加强严刑峻法，以确保江山永固，传之万世而无穷。

始皇三十四年（前213），始皇置酒咸阳宫，大宴群臣，这本是欢乐之事，却导致了为后世所诟病的焚书暴行，实际上，这次焚书禁言应是李斯借机消除异己的一次行动。早年的始皇，思想相当开放，他设立七十博士之职，广收各家言论，博士们专研六艺、诸子、诗赋、术数、方技、占卜等学术文化，也可参议朝政。始皇对儒生不薄。例如始皇二十八年登泰山时，始皇就曾“与鲁诸儒生议刻石颂秦德，议封禅望祭山川之事。”[4]而始皇长子扶苏的思想，显然受到儒家的影响颇深。但儒家的仁义道德和民本思想是李斯所不容的。

博士七十人都出席了三十四年的咸阳宫宴会，大会之始，由仆射周青臣致辞，他免不了歌功颂德一番，在颂词中特别歌颂始皇“以诸侯为郡县，人人自安乐，无战争之患，传之万世”。始皇闻之大乐。周青臣的颂词虽过于奉承，但他身为博士仆射，对好大喜功的始皇致祝贺之词，用词还算合适，尤其是，“以诸侯为郡县”是秦始皇的一大创举。

不料博士淳于越出言反驳，强力主张恢复殷周封建制度，他认为“事不师古，而能长久者，非所闻也”，他还直指周青臣“面谀以重陛下之过，非忠臣”。秦国本有群臣论政的传统，始皇闻言并不懊恼，反而下令群臣详加议论。淳于越言必及三代，应是儒家学派人物。以诸侯为郡县是李斯定下的立国根基，于是李斯马上发言，他说：“五帝不相复，三代不相袭，各以治，非其相反，时变异也……且越言乃三代之事，何足法也？……今诸生不师今而学古，以非当世，惑乱黔首。”“今皇帝并有天下，别黑白而定一尊。人闻令下，则各以其学议之，入则心非，出则巷议，夸主以为名，异取以为高，率群下以造谤。如此弗禁，则主势降乎上，党与成乎下。”[4] 情势至此，如何了得？所以李斯主张一定要严法禁止！

于是李斯请求定下严法：“非秦史皆烧之。非博士官所职，天下敢有藏《诗》《书》、百家语者，悉诣守，尉杂烧之。有敢偶语《诗》《书》者，弃市。以古非今者族。吏见知不举者同罪。令下三十日不烧，黥为城旦。所不去者，医药卜筮种树之书。若欲有学法令，以吏为师。”[4] 始皇同意李斯所提法令，于是“收去《诗》、《书》、百家之语，以愚百姓，使天下无以古非今”[2]。从此始皇开始以严刑峻法控制舆论，法令中对淳于越这一类饱读诗书、以古非今、妄议朝政者，处罚非常严厉，不是弃市就是族。医卜农技术类可保留，除博士官职者外，其他人藏有的诗、书及诸子百家言论邪说都要付之一炬。

当时教育不普及，民间黔首百姓不会有太多藏书，焚书运动对黔首百姓生活影响不大。博士官职及高官的书不会被烧，而且焚书令从始皇三十四年开始到二世，大约只实行了不到六年的时间，士以上受过教育的诸生，即使仅凭记忆，也会保全一些古籍经典。但在秦汉之际，天下大乱，士人贵族及官府藏书都受到极大的打击与破坏。沛公破咸阳后，萧何曾在秦宫中抢收秦丞相御史律令图书，但不闻他抢收百家之书，不知是他对学术文化没有兴趣，还是二世居住的秦宫已无百家之书。

始皇三十五年（前212）开始，始皇性情日趋不稳，一年内连杀了五百人，这都是由方士卢生所引起的。始皇听从卢生建议，隐秘行踪，并下令“有言其处者，罪死”。有一天，他在梁山宫上，看见山下丞相车骑众多，极不高兴。侍从把这事告诉了丞相，丞相马上减少随从车马。始皇后来见丞相车马减少，知道有人泄露了他当日在梁山宫的行踪和心情，于是大怒，审问之下，无人认罪，他当即下令把当日在身边的侍从全都杀死。同年，还发生了前面提到的坑杀儒生事件，卢生等人逃亡后，始皇一怒之下，坑杀儒生四百六十余人。

始皇三十六年（前211），“荧惑守心。有坠星下东郡，至地为石，黔首或刻其石曰‘始皇帝死而地分’”[4]。荧惑就是火星，“荧惑守心”是指天有火星守心宿的异象，预示地将有灾难。某夜有一陨石落在东郡，有百姓在陨石上刻字，假托是天神的话，咒骂始皇。始皇大怒，下令审问附近居民，因无人认罪，始皇就下令把陨石附近的百姓全都杀了。前几年始皇在博狼沙遇刺，在兰池逢盗，都没有伤及无辜，只下令大索一二十天，找不到其他疑犯也就算了。但自三十五年开始，始皇身心日渐失常，动辄杀人，无论是梁山宫侍从，或是咸阳诸生，还是陨石附近居民，所犯的罪，都不及博狼沙谋刺罪大，但始皇都下令坑杀一批又一批的无辜人群！

始皇三十六年秋天，又发生了一件鬼神怪事。《史记》：“秋，使者从关东夜过华阴平舒道，有人持璧遮使者曰：‘为吾遗滈池君。’因言曰：‘今年祖龙死。’使者问其故，因忽不见，置其璧去。使者奉璧具以闻。始皇默然良久，曰：‘山鬼固不过知一岁事也。’退言曰：‘祖龙者人之先也’。使御府视璧，乃二十八年行渡江所沉璧也。于是始皇卜之，卦得游徙吉，迁北河榆中三万家，拜爵一级。”[4]

这一件鬼神怪事，可分为性质不同的两部分去讨论。（一）第一部分是神话：“使者从关东夜过华阴平舒道，有人持璧遮使者曰：‘为吾遗滈池君。’因言曰：‘今年祖龙死。’使者问其故，因忽不见，置其璧去”；（二）第二部分是史实：“始皇默然良久，曰：‘山鬼固不过知一岁事也。’退言曰：‘祖龙者人之先也’。使御府视璧，乃二十八年行渡江所沉璧也。于是始皇卜之，卦得游徙吉，迁北河榆中三万家，拜爵一级。”

始皇二十八年出巡时，曾走过一段水路，《史记》：“渡淮水，之衡山（今河南、安徽、湖北交界）、南郡（今湖北江陵）。浮江，至湘山祠（在洞庭湖中）”。[4]在这段行程中，始皇可能曾沉璧江中，以祭水神。渡江沉璧是这个故事的焦点，整个神话故事，附会着水神山鬼之事，以巧合的情节加工编造而成。

查考出土文物可知，这种祭祀或陪葬用的玉璧，并非极端稀有之物，秦宫御府库中，一定保存不少这类玉璧。故事的起因，可能是使者在归途中得到一块玉璧，回咸阳后，转交给御府，御府官员看了一眼后，随便说了一些话，表示这块玉璧和二十八年出行渡江时所沉的玉璧相同，这句话经辗转相传，便成为“乃二十八年行渡江所沉璧也”。此言一经传出，马上激发了大家的想象创作灵感，从此集体创作了一个神话故事。这一个神话是陨石刻字的翻版，但这一次大家都学乖了，编故事者把责任全推到山鬼身上，想方设法使始皇相信，“今年祖龙死”这句话，出自水神山鬼，而不是黔首百姓。

在这个神话故事中，我们看到了很生动的一幕：众水神开水神大会，讨论“今年祖龙死”这个预言。祖龙就是他们的兄弟滈池君的化身。最后他们一致同意，这个预言的真实性很高，决定要把这个讯息传递给祖龙。于是水神们在祖龙居所附近一个名为平舒道的地方拦截始皇使者，托使者代为传递讯息。为了证实这个讯息的来源，水神们把始皇二十八年，始皇献给江中水神的玉璧作为信物呈献给始皇。这个神话编得很精彩！

这神话故事中的滈池在咸阳附近，今已不存。滈池君即滈池水神，秦为水德，所以滈池君就是指秦始皇。祖者始也，龙者王（皇）也，祖龙也是指始皇。平舒道在今陕西华阴市。故事中的使者在平舒道被一神灵拦路，神灵交给使者一块玉璧，说了两句话："为吾遗滈池君"，"今年祖龙死"，就消失不见。始皇听到了这个神话故事后，又听说有渡江沉璧为证，沉思了半晌，也就相信了。始皇知道"祖龙"就是指他，所以他说："祖龙者人之先也。"他说"山鬼固不过知一岁事也"，又是什么意思呢？山鬼既说"今年祖龙死"，所以始皇说山鬼只能预言今年之事，而那时已是秋天，这个预言时效很快就逾期过时了，始皇认为毋庸多虑。

但这个神话不是胡乱瞎编的，而是配合当时的情势背景编出来的，一方面是配合始皇对仙人山鬼的信仰，另一方面也合乎当时始皇的身心状态。此时始皇心身日渐衰退，他需要仙人给他不死之药，又希望水神山鬼能助他统治天下。制造这个神话的目的何在？这可能是某些有心人想利用这个神话，传递"今年祖龙死"这个讯息。这个讯息应有两个目的：一是恐吓始皇，使他心生畏惧，产生心理压力；二是警告始皇，要他早立太子。

始皇听到这个神话后，确实有心理压力，但他还是没有意识到立太子的重要性，他只想到该去问卜。可惜那个卜者不是参加神话编写工作中的一分子，所以他得到的卜辞不是“立太子吉”，而是“游徙吉”。卜者为什么会卜出游徙吉卦呢？始皇大抵每次出巡、迁徙都会占卜，每次得到“游徙吉”一类的卦辞都很高兴。自统一天下后，始皇开始唯我独尊，刚愎自用，喜怒无常，群臣畏罪持禄，出言小心谨慎，所以始皇来问卜，卜者只好挑些始皇喜欢的事来说，于是就照例胡乱编凑了一个游徙吉卦，好获得始皇欢心，即使“今年祖龙死”的预言不吉，他也不敢要求始皇斋戒沐浴。

既然据卜卦指示，始皇若游徙，即可能逢凶化吉，于是始皇决定今年（三十六年，前 211 年）先行徙，待明年（三十七年），山鬼预言期限已过后再去游。于是就在当年（三十六年），始皇下令徙迁三万家到北河（今内蒙古乌加河一带，为黄河古道）、榆中（今陕西东北一带），并拜爵一级。

到了始皇三十七年十月癸丑日，秦历建亥，此时山鬼预言期限已过，始皇估计自己已逃过一劫，于是依卦出游。这次出游，右丞相冯去疾留守咸阳，随从有左丞相李斯、上卿蒙毅、少子胡亥，还有一个侍候胡亥的宦官，中车府令赵高。这个宦官小吏，在此次出巡中，竟成为决定秦嬴天下历史走向的关键人物。当时大家哪会想到，此次出游队伍中，竟暗藏一颗灾星！

蒙毅是蒙恬之弟，他们的祖父为蒙骜，父亲为蒙武，蒙家三代俱为秦将。始皇甚为尊宠他们兄弟二人，当时蒙恬威震匈奴，蒙毅位至上卿，出则参乘，入则御前。蒙家兄弟声势显赫，名重一时，据《史记》记载："恬任外事而毅常为内谋，名为忠信，故虽诸将相，莫敢与之争。"[16]

赵高又是何许人也？据《史记》记载："赵高者，诸赵疏远属也。赵高昆弟数人，皆生隐宫[17]，其母被刑僇，世世卑贱。"[16]。"隐宫（官）"指刑徒免罪后的服役场所，赵高的母亲受过刑，免罪后，在隐宫中服役。赵高在隐宫中出生成长，隐宫虽不如监狱严厉，刑徒可在隐宫中成家生子，但其结构环境还是与监狱相同的。赵高从小每天目睹各式惩罚、奴役、争斗、刑求、处决、杀戮，其性情必因而受到影响。同时也由于从小在监狱环境中生活，耳濡目染，多所接触，因而通晓狱法。他从小所熟知的人际关系也很特殊，其中充满了猜疑、欺诈、阴谋、诡计、暗算。这是客观环境使然，是无可避免的结果。

秦以酷法立国，始皇对严刑峻法特别感兴趣，据侯生与卢生语，"（始皇）专任狱吏，狱吏得亲幸"[4]，赵高能力强，又通狱法，因此得到始皇赏识，举他为中车府令，那是一个管理后宫车舆的官职。赵高出身贫贱，《史记》记载他有女婿名阎乐，他很可能为求富贵，成年生育后才受宫，入侍宫廷。赵高在宫中，私下奉侍胡亥，教他文书律令狱法。这次赵高能随行，应与他经常奉侍胡亥左右，与胡亥关系亲近有关。赵高对蒙氏兄弟怨恨颇深，事因有一次赵高犯了大罪，始皇命蒙毅法办他，蒙毅依法判赵高死罪，始皇后来赦免了赵高，复其官职。从此赵高对蒙毅怀恨在心。

三十七年之游是始皇第五次出游，行程相当长，对日渐衰老的始皇而言，是个劳累之旅。《史记》："十一月，行至云梦，望祀虞舜于九嶷山。浮江下，观籍柯，渡海渚，过丹阳，至钱唐。临浙江，水波恶，乃西百二十里从狭中渡。上会稽，祭大禹，望于南海，而立石刻颂秦德。"立石后，往北走，"还过吴，从江乘渡。并海上，北至琅邪。"琅邪就是江湖术士徐市的地盘，始皇在琅邪见到了徐市，徐市说蓬莱药可得，但被鲛鱼所阻。于是他以射杀鲛鱼为由，骗始皇乘船，沿着今日山东半岛海岸线，一路风浪颠簸，绕过半岛尖端的荣成山（在今荣成市附近），直到芝罘（今山东烟台），才找到一条巨鱼，以连弩射杀之。

始皇为什么还会受徐市所骗？有很多可能很复杂的原因。最主要的原因是，秦始皇真的相信世间确有不死之药，或者说，因为"始皇恶言死"[4]，他不肯面对现实，宁可相信世间确有不死之药，而徐市是唯一可能替他找到不死之药的人。如今始皇身心日衰，既然他已在徐市求药上，投下了大量金钱时间，除了倚仗徐市，别无他法，只好再试一次。

始皇射杀巨鱼后，上岸西行至平原津（今山东平原县）而病[4]。《史记》：“（始皇）道病，使蒙毅还祷山川”。[16]始皇得病后竟向山川鬼神求助，可见始皇自知病情不轻。蒙毅离开巡游队伍后，始皇继续西行至沙丘（今河北广宗县），病情日重，他知道自己难以活着回到咸阳，此时赵高代理符玺事务，于是“（始皇）令赵高为书赐公子扶苏曰：‘以兵属蒙恬，与丧会咸阳而葬’”[2]。赵高把诏书留而不发。七月丙寅，千古一帝秦始皇崩于沙丘平台，享年五十。

七、骊山之陵

《史记》：“始皇初即位，穿治骊山，及并天下，天下徒送诣七十余万人，穿三泉，下铜而致椁，宫观百官，奇器珍怪徙臧满之。令匠作机弩矢，有所穿近者辄射之。以水银为百川江河大海，机相灌输，上具天文，下具地理。以人鱼膏为烛，度不灭者久之。二世曰：‘先帝后宫非有子者，出焉不宜。’皆令从死，死者甚重。葬既已下，或言工匠为机，臧皆知之，臧重即泄。大事毕，已臧，闭中羡，下外羡门，尽闭工匠臧者，无复出者。树草木以象山。”[4]

始皇七月死于沙丘，九月葬于骊山。已有很多学者都讨论过上面《史记》中关于秦始皇陵的记载，本文不拟重复多述，只打算讨论一些不为人所注意之处，并对其中的一些装置，做一些合理的猜测。

（一）下铜而致椁：有很多学者试图解释何谓“下铜

而致椁”，但都没有什么说服力。本文认为“下铜而致椁”的意思就是：用铜汁注入墓底的模子里，铸造仿百川江河大海的铜池大地，铜池大地铸造好后，再把棺椁放在适当的位置上。

何谓适当的位置？这个铜池模拟的主体是始皇所喜爱的东海，铜池东海中，有蓬莱、方丈、瀛洲三座铜铸仙岛，最适当的位置应就是这三座仙岛。始皇的棺椁可能就放在这三座仙岛中，某一座较大的仙岛，如蓬莱仙岛上。如果这三座仙岛都比较小，始皇的棺椁可能就放在以这三座仙岛为支架的平台上。

棺椁放置妥当后，接着布置四周环境，也就是设宫观百官，臧奇器珍怪，作机关弩矢，然后把水银灌注于铜池之中，以模仿百川江河大海。铜池东海的西边就是中原大地，上面有模拟大地百川江河的建筑设置。这一套铜池大地结构建筑，就是《史记》所说的“下具地理”建筑。这个铜池银海的工程，应是按照秦始皇希望能成为真人的构想而设计的。此外，“上具天文”则应是指墓顶上的二十八星宿等天文图案。中国天文学起源很早，最迟在春秋时代，中国天文学已有二十八星宿的体系观念，如曾侯乙墓衣箱就有二十八星宿图像。

（二）宫观百官：这应是指接近始皇棺椁某处，有一个做成宫殿式的壁龛，龛内放置着百官的俑像，虽说百官，但不一定有一百个。这些俑像应是与兵马俑在同一场地制造的，俑像按某一比例，可能也是按1∶1比例制成，而且百官俑像会比兵马俑俑像更加考究更加逼真。百官俑像是根据哪些大臣的形象塑造而成的呢？朝中哪些大臣可能身列宫观百官之中，当由秦始皇决定，俑像塑好后存库中，待墓室建成，下铜而致椁后，再放入墓内。但不是所有秦始皇所选的大臣俑像，都有幸列于宫观百官之列的，到了九月始皇下葬时，这些俑像能否入宫观百官之列，还得要赵高的同意。例如，赵高仇家蒙氏兄弟的俑像可能就不能在列了。但李斯在九月下葬时，还是位居丞相之职，他的俑像可能在百官之列。赵高俑像也有在百官之列的可能。

（三）以水银为百川江河大海：水银（汞）是一种很奇异的金属，在常温下呈液态，比重为13.6，属于重金属，能蒸发而成汞蒸气，汞蒸气有剧毒。

水银在常温中既为液态重金属，又能蒸发为汞蒸气，这就引出了一个问题，把水银倒在地面上，它会沿着地表面的裂缝往地下渗透，所以有“水银泻地，无孔不入”之说。同时，水银又会往上蒸发消失。因此如果把水银倒在墓底，水银下渗上蒸，很快就会消失得无影无踪。现代保存水银最好的方法，就是把它存放在密封的玻璃容器内。

金属中，以铜较难溶于汞。青铜器铸成后，表面有一层氧化膜，此膜可以阻隔水银与铜的接触互溶。所以在古代所具备的科技条件下，始皇陵墓中保存水银最好的方法，就是用青铜铸造一个池子，把水银倒入铜池中，这样就可以防止水银往地下渗透流失，但水银往上蒸发还是无法避免的，因此秦始皇陵封土中会含有大量水银。

上面所说的“下铜而致椁”工程完成后，便可以把水银注入铜池之中，以水银为百川江河大海，完成这个铜池银海的设计。

（四）机相灌输：这是指用一种机械装置，推动百川江河大海中的水银，使之循环流动。此种机械装置的动力来自何方？《史记》有“穿三泉”的记载，可见始皇陵地下泉水颇丰。机械装置的动力应来自地下泉水河道，河水动能可经水车输送到推动百川江河大海的机械装置上。秦人长于水利建设，设计水车机相灌输的机械装置，应不会有什么问题。但这些无人维修的机械装置，不论是用木做的，还是用青铜做的，都不可能保存太久，应早已毁坏，但现在墓底应还可以找到青铜池的遗迹。

八、皇朝末日

始皇既殁于沙丘，“李斯以为上在外崩，无真太子，故秘之”[2]。当时知道始皇已死的，除李斯、胡亥、赵高外，只有亲信宦官五六人。李斯秘不发丧，赵高因而有足够的时间，安排其阴谋夺位的奸计。赵高把始皇遗诏藏好后，对胡亥说：“方今天下之权，存亡在子与高及丞相耳，愿子图之。”[2]赵高对胡亥、李斯二人了解极深，知道说服此二人并非难事。

赵高是胡亥的老师，胡亥对赵高言听计从，但听到赵高要他自立为秦二世时，胡亥还是吓了一跳，他说“废兄而立弟，是不义也；不奉父诏而畏死，是不孝也；能薄而材谫，强因人之功，是不能也。三者逆德，天下不服，身殆倾危，社稷不血食。”[2] 此时胡亥还是相当清醒的，不论是否真心，他列举了不义、不孝和自己无能三条理由推却这个重任。

于是赵高以历史先例来说服他，赵高连举两例：（一）关于不义，赵高说：“汤武杀其主，天下称义焉，不为不忠。”（二）关于不孝，赵高说：“卫君杀其父，而卫国载其德，孔子著之，不为不孝。”第一个例子勉强可以说得过去；第二个例子显然是赵高在伪造历史，历史上从没听说过有哪一个卫君弑父之事，更不可能有孔子称赞过卫君弑父的言论。这大概是赵高知道胡亥学识浅薄，故意编造一段故事来愚弄他的。至于胡亥第三条理由，说自己能薄而材谫，无能力担当重任，赵高好像是默认了，完全不替他分辩，好像在说，你确实无能，以后你听我的话就是了！胡亥生于深宫之中，娇生惯养，一呼百诺，哪知世事艰难，人心险诈。在赵高一再催促，一连说出“狐疑犹豫，后必有悔”“断而敢行，鬼神避之”“时乎时乎，间不及谋”[2] 等迫切威胁语言后，终于应允。

说服胡亥后，赵高去见李斯。李斯一生为求功名利禄，奋斗三十多年，终于位极人臣，子女皆婚配秦公主公子。长子李由为三川郡守，告归咸阳时，李斯置酒于家，百官皆前为寿，门庭车骑以千数，可谓名成利就，富贵通天！当时李斯想起老师荀卿的告诫："物禁太盛"，因而自叹曰："物极则衰，吾未知所税驾也！"[18]

赵高对李斯了解透彻，见面后即单刀直入，问道："上崩，赐长子书，与丧会咸阳而立为嗣。书未行，今上崩，未有知者也。所赐长子书及符玺皆在胡亥所，定太子在君侯与高之口耳。事将如何?"[2]注意！赵高说，"所赐长子书及符玺皆在胡亥所"，而事实上，所赐长子书及符玺并非皆在胡亥所，而是皆在赵高手中。李斯闻此大逆不道之言，当场吓坏了，连忙说："安得亡国之言！此非人臣所当议也！"

于是赵高分析情势，慢慢道来，他说："长子（扶苏）刚毅而武勇，信人而奋士，即位必用蒙恬为丞相。"[2]而被罢免的丞相，也就是李斯，将会面对什么样的命运呢？赵高说，他掌管刑狱文书档案二十余年，"未尝见秦免罢丞相功臣有封及二世者也，卒皆以诛亡"。最后赵高说："君听臣之计，即长有封侯，世世称孤，必有乔松之寿，孔墨之智。今释此而不从，祸及子孙，足以为寒心。善者因祸为福，君何处焉?"赵高这一招正中李斯要害，此事涉及李斯一生名利、身家性命以及后世子孙，何况据赵高说，始皇遗诏及符玺皆在胡亥手中，胡亥登基，势所必然。李斯审时度势，为确保他数十年辛辛苦苦挣得来的名利地位，只得妥协屈从。

善恶皆在一念之间，当时赵高羽翼未丰，李斯身为丞相，大可押下赵高，绳之以法，即使扶苏用蒙恬为丞相，但扶苏生性仁慈，与始皇时代不同，李斯的身家性命以及后世子孙都不会因而受害，更何况此时李斯功成名就，年华已老，正好遵守老师荀卿“物禁太盛”的诫言，告老还乡，放鹰走狗，逍遥自在，再也不必惶惶终日，作“物极则衰，吾未知所税驾也”之叹了！不幸李斯心中唯存私利，终于坠入赵高陷阱之中！此后，李斯空有丞相之名，竟处处受制于赵高。

赵高身份与当年吕不韦相似，但实质上大有差异。吕不韦虽有仲父之名，但嬴政一句“君何亲于秦，号称仲父”，便杀了他；赵高虽无仲父之名，但胡亥视之如父，言听计从。始皇刚登基，就平定了宦官嫪毐之乱；二世刚登基，就被宦官赵高玩弄于股掌之上。父子二人之差距，何其大也！这两个宦官入宫的目的都不单纯，一个入宫而不受宫，另一个成年生育后才入宫，都是极有心计的人物。

赵高在沙丘实行夺位阴谋，得到胡亥和李斯的合作后，下一步要对付的是扶苏及蒙恬二人，赵高决定要把这二人置于死地。《史记》：“于是乃相与谋，祚为受始皇诏丞相，立子胡亥为太子”[2]，又伪造始皇赐扶苏信，信中说：“扶苏与将军蒙恬将师数十万以屯边，十有余年矣，不能进而前，士卒多耗，无尺寸之功，乃反数上书直言诽谤我所为，以不得罢归为太子，日夜怨望。扶苏为人子不孝，其赐剑以自裁。将军恬与扶苏居外，不匡正，宜知其谋。为人臣不忠，其赐死，以兵属裨将王离。”扶苏接信后，悲痛欲绝，蒙恬劝他：“陛下居外，未立太子，使臣将三十万众守边。今一使者来，即自杀，安知其非诈？请复请，复请而后死，未暮也。”扶苏生性仁慈，悲伤过度，就真的自杀了。蒙恬拒绝从命，被关押在阳周（今陕西子长县）。

始皇有异于历代秦王，他终身不见立后，也不立太子。前面已讨论过史中不见其后的原因，那他为什么不立太子呢？是他认为他终将可找到不死之药，不必有继位的太子吗？不是的，即使他找到不死之药，也应按照历代惯例，立有太子。而且长子扶苏“刚毅而武勇，信人而奋士”，是一个很有才能的人，只是生性过于仁慈，始皇为立威，杀了四百多儒生，扶苏竟为他们求情。始皇对他柔弱的性情甚为不满，一怒之下，流放他到上郡（今陕西榆林一带）监军，希望他能历练一番，体悟为君之道。

做一国之主，对内需要有威信，对外需要有霸气，尤其是一个以法家思想、商鞅酷法为本的皇帝，绝不能感情用事。始皇鉴于扶苏心肠过于软弱，所以一直未正式立他为太子。始皇有没有立胡亥为太子的想法呢？肯定没有！否则他就不会留遗诏给扶苏了。他带胡亥出游，只是出于父亲溺爱少子的天性。始皇心中早已视扶苏为太子，他临危时的遗言：“以兵属蒙恬，与丧会咸阳而葬”，观其语气，完全是对太子所下的遗命。可能此时始皇认为经过两年的磨炼，又有蒙恬大军的辅助，扶苏应已知为君之道，有威临天下的能力，可惜天性难改，接到赵高等人所做的伪诏后，扶苏竟真的自杀了。

扶苏自杀后，《史记》记载："使者还报，胡亥、斯、高大喜。至咸阳，发丧。太子立为二世皇帝，以赵高为郎中令，常侍中用事。"[2]赵高任郎中令，成为整天跟在二世身边的大红人。扶苏既死，余下蒙恬、蒙毅二人。蒙氏兄弟，出身世家，曾是始皇肱股之臣。胡亥闻扶苏已死，马上就想释放蒙恬。赵高与蒙氏素有积仇，生怕蒙氏兄弟得到重用，于是日夜在胡亥前诋毁蒙氏兄弟。此时蒙恬早已被关押在阳周，而蒙毅祷告山川后，被赵高以阻止立胡亥为太子的罪名，关押在代（今山西北部及河北省西北部一带）[16]，旋即被杀。蒙恬亦被逼服毒身亡。

二世元年（前209），除了蒙氏兄弟外，胡亥还杀了不少公子大臣。胡亥登基后，胡亥和赵高都心怀鬼胎，知道群臣不服[4]。同时，胡亥又耽于逸乐，他向赵高表示，人生居世，有如骋六骥过决隙，瞬息即过，他既已君临天下，"欲悉耳目之所好，穷心志之所乐，以安宗庙而乐百姓"[2]，他问赵高，"其道可乎？"这个想法正中赵高下怀，赵高连忙说："此贤主之所能行也，而昏乱主之所禁也。"赵高正希望胡亥终日玩乐，不问政事，政权便可落入他的手中。于是赵高对胡亥说："夫沙丘之谋，诸公子及大臣皆疑焉，而诸公子尽帝兄，大臣又先帝之所置也……陛下安得为此乐乎?”[2]胡亥自杀兄夺位后，一直心神不宁，于是急忙问计，赵高提出解决之道，方法很简单：“灭大臣而远骨肉”[2]，如此一来，陛下就可以“高枕肆志宠乐矣”。

赵高把全国视为一个大监狱，他精通狱法，擅于罗织罪名，入人于罪，易如反掌；于是朝廷之上，秦宫之中，一片腥风血雨，相连坐者不可胜数，其中公子十二人僇死咸阳，公主十人矺死于杜（今西安东南）。还有一个高公子，为了保护族人，请从死，愿葬郦山之足，胡亥大悦，赐钱十万以葬[2]。

1976 年在上焦村发现十七座甲字形墓，发掘了其中的八座。这八座墓有下列特点：（一）墓皆在陵区内。墓主应与始皇有密切关系；（二）其中七座墓内有尸骨，六具被肢解，一具被缢杀。死因合乎僇矺等刑；（三）墓内有秦始皇时代宫廷式的陪葬物。死者显属宫中人物；（四）尸骨为二女五男，年龄为二十至三十岁间，正是始皇子女所属年龄。这十七墓疑为公主公子墓。又 1978 年考古队在秦始皇陵西侧封土足下，发现一座甲字形墓，未经发掘，但由其位置及规模判断，疑为公子高墓[13]。

赵高为郎中令，公报私怨，杀人无数，为了防被告发，更为了能进一步孤立二世，便于总览政权，于是顺着二世的享乐心态，对二世说：“天子所以贵者，但以闻声，群臣莫得见其面，故号曰朕。且陛下富于春秋，未必尽通诸事，今坐朝廷，谴举有不当者，则见短于大臣，非所以示神明于天下也。”所以赵高建议，二世不必再上朝听政，一切政事就由他这个郎中令，及其他待从处理，“如此则大臣不敢奏疑事，天下称圣主矣”。二世本就无能，于是用其计，从此不再上朝，居禁宫之中，终日享乐，事皆决于赵高，其他公卿大臣很难得见二世。

二世登基后，元年四月复作阿房宫，治直道，赋敛愈重，戍徭无已，用法益刻深。七月，戍卒陈胜等反。不久叛军直抵鸿门（今陕西临潼），左丞相李斯、右丞相冯去疾、将军冯劫都曾进谏，希望二世能止阿房之作，省四边戍转，以平民愤。二世坚持他的享乐生活，认为“贤人之有天下也，专用天下适己而已矣，此所以贵于有天下也。夫所谓贤人者，必能安天下，而治万民，今身且不能利，将恶能治天下哉！故吾愿肆志广欲，长享天下而无害”[2]。又说“凡所为贵有天下者，得肆意极欲”[4]，最后还责备他们：“今朕即位二年之间，群盗并起，君不能禁，又欲罢先帝之所为，是上毋以报先帝，次不为朕尽忠力，何以在位？”[4]李斯闻言受责，心生恐惧。

李斯为什么心生恐惧？事因吴广叛军抵鸿门之前，曾途经三川（今河南洛阳附近），而三川郡守正是李斯的长子李由，李由无法阻止群盗过境略地，李斯身居三公之位，因而受到调查使者的责备。一生重视官爵利禄的李斯恐慌异常。当时二世用督责之术来监督官吏，群臣人人自危，群臣谏者以为诽谤，大吏持禄取容。为求自保，李斯上书，迎合二世心意，信一开始就说："夫贤主者，必且能全道而行督责之术者也"[2]，全信曲意逢迎，赞扬督责之术，全无当年写给始皇《谏逐客令》中的豪气。二世阅后大悦，于是督责益严，税民深者为明吏，杀民众者为忠臣。李斯没有因李由的失职而受到处分，他自以为得计。殊不知，李斯这根软肋，已被随时随地搜罗各式罪证的赵高紧抓手中，以备他日之用。

赵高听说李斯因二世终日游乐，不理朝政，很想进谏相劝。李斯位居丞相之职，是赵高心中大敌，必欲除之而后快。于是赵高心生毒计，他向李斯表示，关东大乱，今皇上只知修阿房，聚狗马，自己很想进谏，只是职位低贱，无权说话。他问李斯："此真君侯之事，君何不谏?"李斯表示，他早已想谏，但二世居深宫之中，不上朝理政，他根本没有机会见到二世。赵高说，如果你真的想进谏，我就替你找机会。于是赵高等到二世与妃子燕乐时，告诉李斯，皇上正闲着，可奏事。李斯得到通报后，马上飞奔到宫门外求见。这样连着闹了好几回，胡亥气坏了，大骂："丞相岂少我哉？且固我哉?"胡亥认为李斯看不起他，故意为难他。站在二世身旁的赵高闻言后，一定乐坏了！于是他又对二世说："如此殆矣！夫沙丘之谋，丞相与焉。今陛下已立为帝，而丞相贵不益，此其意亦望裂地而王矣。"[2]

"沙丘之谋"是胡亥的一个心病。这四个字有如魔咒，胡亥一听到这四个字，就想到不义、不孝、无能，各种罪恶心病，纠缠交织，挥之不去，有如鬼魅。他之所以放浪形骸，游乐终日，不理朝政，很可能与他想极力摆脱沙丘之谋的噩梦有关。赵高紧握胡亥沙丘之谋的把柄，胡亥因而心智全失，只得任由他摆布。上次赵高提到沙丘之谋，迫使胡亥一连杀了二十三个手足，外加一批朝廷大臣。这次赵高再提沙丘之谋，他想杀的正是丞相李斯。

赵高向二世表示，沙丘之谋，陛下得立为帝，但同谋的丞相地位却没有提升，看来他是想裂土封王了！二世闻言大惊，跟着赵高又说："陛下不问臣，臣不敢言。"接着把三川郡守李由失职的旧账再度翻出来："丞相长男为三川守，楚盗陈胜等皆丞相傍县之子，以故楚盗公行，过三川，城守不肯击。"[2]强调李斯与陈胜等都是楚地邻县同乡，互相勾结，关系密切，所以楚盗过三川而李由不肯出击。又造谣说李由等与楚盗有书信来往，最后说："丞相居外，权重于陛下。"李斯在外声望比二世高，这可能也是实情。沙丘之谋、裂土封王、楚盗同乡、楚盗过境、权重于皇，诸事层层相扣，密不可分，二世越想越觉得事态严重，但确实情况不明，于是使人暗中调查。

李斯得到赵高造谣生事的情报，想对二世解释清楚，但苦于无法与二世见面，只好上书二世，他说："今有大臣于陛下擅利擅害，与陛下无异"，指出真正权重于陛下的是赵高，赵高独揽赏罚大权，有如皇帝。更明言赵高"有邪佚之志，危反之行”，如果“陛下不图，臣恐其为变也”。但二世哪里肯听，反而把李斯交给赵高去处理。赵高对李斯施以酷刑，终于屈打成招，二世二年七月，李斯被判腰斩而夷三族。行刑之日，李斯对他的次子说：“吾欲与若，复牵黄犬，俱出上蔡东门逐狡兔，岂可得乎？”[2]

李斯自悟出“诟莫大于卑贱，悲莫甚于穷困”的人生大道理后，全力争名夺利，三十多年来，毒杀同窗，消除异已，焚百家之书，行愚民之政，终因无法摆脱功名利禄，沙丘之谋，与赵高同流合污，行严法之酷刑，税厚赋于天下，陷民于水火之中，阿顺逢迎，阴谋夺位，终死于小人之手。物换星移，千古之后，空余下诗人“李斯税驾苦不早”“上蔡苍鹰何足道”[18]的叹息。

秦始皇统一天下后，得到一批文武能臣的辅助，在严刑峻法之下，尚能维持一时的平静。始皇一死，权威一失，二世横征暴敛，民不聊生，天下开始动荡不安。秦二世元年七月陈胜揭竿而起，自立为楚王，跟着武臣立为赵王，魏咎称魏王，田儋为齐王，沛公起义于沛，项梁举兵会稽[4]。一年后，二世二年七月，李斯被杀，赵高为丞相[2]。同年，身击狱中的右丞相冯去疾和将军冯劫，也因不甘受辱，愤而自杀，朝中文武大臣日渐凋零，都被赵高杀个净光。

二世二年冬天，陈胜所派周章军攻到了戏水（在今陕西临潼区东），二世大惊。朝中无大将，掌管税务的少府章邯成先锋，他建议大赦郦山徒，建成军队，镇压叛军。这支由章邯领军，未经严格训练的军队，因受到大赦的鼓舞，竟然连战皆捷，杀周章，灭陈胜，破项梁，败魏咎，直到遇项羽于巨鹿（今河北平乡县）才遭败绩。

二世二年九月，章邯受阻于巨鹿，丞相赵高派人责备章邯，章邯恐，马上派长史司马欣回咸阳了解情况。司马欣回到咸阳后，赵高拒见，司马欣心知不妙，急忙绕道回报章邯："赵高用事于中，下无可为者。今战能胜，高必疾妒吾功；战不能胜，不免于死。"[19]章邯得知有功亦诛，无功亦诛，遂降项羽楚军。

杀李斯之先，赵高向二世进谗言，说李斯有"裂地而王"之意，李斯真有此意吗？当时确有人存"裂地而王"之心，但此人不是李斯，而正是赵高本人。李斯被杀，赵高当了一年丞相后，篡位之心日急，于是试测群臣，故意指鹿为马，试测众人是否听命于他。《史记》："（三年）八月己亥，赵高欲为乱，恐群臣不听，乃先设验，持鹿献于二世，曰：'马也。'二世笑曰：'丞相误邪？谓鹿为马。'问左右，左右或默，或言'马'以阿顺赵高，或言'鹿'者。高因阴中诸言鹿者以法。后群臣皆畏高。"[4]这次试测，赵高主要想测验他自立为王的条件是否成熟，同时也借机显二世之愚，立自己之威。经此一试，群臣皆畏赵高。

二世三年（前207）项羽虏王离，降章邯，关东各地纷纷叛秦而应诸侯。身居丞相要职的赵高，只是一个擅于用阴谋诡计杀人的酷吏，对如何处理军国大事，一无所知，他面对燕、赵、齐、楚、韩、魏各路叛军，更是束手无策。不久，沛公破武关（今陕西丹凤县），赵高暗通沛公，打算投降。赵高一方面怕受到二世的处罚，一方面早有谋反，自立为王之心，于是决定再度使用阴谋杀人的看家本领，阴谋策划杀死秦二世之计。

赵高指鹿为马时，二世觉得自己看见的明明一头鹿，不知为何竟有人说是一匹马，他越想越怕，精神恍惚，以为自己得了鬼惑之病，急召太卜求卦。太卜一卜之下，发觉竟是："陛下春秋郊祀，奉宗庙鬼神，斋戒不明，故至于此"，解决之道是："可依盛德而明斋戒"[2]。于是二世乃入上林斋戒，但二世哪里会真的去斋戒！他到了上林无非还是日游弋猎。一天二世在上林苑射杀了一名行人，赵高乘机谏曰："天子无故贼杀不辜人，此上帝之禁也，鬼神不享，天且降殃，当远避宫禳之。"[2]二世乃出居望夷宫。赵高为什么要二世离开皇宫，搬迁到望夷宫呢？因为二世宫殿中防卫森严，而在望夷宫中便于杀人行事也！

三日后，赵高定下杀人计谋，依计行事，以郎中令为内应，下令他的女婿咸阳令阎乐，前往望夷宫，杀了二世。赵高精心策划这次谋杀行动，他对阎乐说："上不听谏，今事急，欲归祸于吾宗。吾欲易置上，更立公子婴。子婴仁俭，百姓皆载其言。"[4]赵高把子婴捧了出来，完全没有透露他自己有自立为王的打算。赵高不相信人间有道义诚信，对女婿阎乐也不例外，为防有变，事先把阎乐之母作为人质，押在家中。

阎乐以捉贼为名，带兵闯入望夷宫，杀了数十卫士，逼二世自杀。二世要见赵高，不许，跟着二世愿以退位为条件，提出了一一降格的要求：愿为郡王，愿为万户侯，愿为黔首百姓，但都被阎乐一一拒绝。阎乐说："臣受命于丞相，为天下诛足下，足下虽多言，臣不敢报。"[4]阎乐母亲的生死握在岳父赵高手中，他哪敢大意！二世只好自杀。阎乐归报赵高，赵高"以黔首葬二世杜南宜春苑中"[4]。今西安市雁塔区曲江乡曲江池村，尚有胡亥墓。

赵高杀二世后，据《史记》记载："（赵高）引玺而佩之，左右百官莫从；上殿，殿欲坏者三。高自知天弗与，群臣弗许，乃召始皇弟，授之玺。"[2]这"引玺上殿"的动作，实际上是另一次赵高测试群臣的行动。在上一次"指鹿为马"的测试后，赵高已暗中借机以法清除了一批"指鹿为鹿"的反对势力。

赵高本以为，这次"引玺上殿"的测试行动，至少有部分指鹿为马的大臣会跟从他，哪知竟无一人跟从。实际上，此时天怒人怨，群臣已被赵高逼到死角，他们眼见二世皇帝、丞相、诸多大臣及公子，皆死于赵高之手，即使为赵高卖命，其结果也是有功亦诛，无功亦诛，前车可鉴，众大臣眼见天将亡秦，叛军已逼近咸阳，大厦将倒，赵高也自身难保，大家与赵高本来也只有利害关系，全无仁义法理可言，树倒猢狲散，哪还有人理他！

赵高当时有什么打算呢？据《史记·秦始皇本纪》记载：“沛公将数万人已屠武关，使人私于高。”同篇中，子婴说：“我闻赵高乃与楚约，灭秦宗室而王关中。”《史记·高祖本纪》也说：“及赵高已杀二世，使人来，欲约分王关中”，可见赵高杀二世前后，动作频繁，早已与沛公暗通款曲，打算自立为王。不料经“引玺上殿”测试后，发觉百官莫从，心知众怒难犯，只好把玉玺暂时交给子婴，打算以后再图谋窃国大计。

于是赵高“乃悉召诸大臣公子，告以诛二世之状”[4]，立公子婴为秦王。为什么不立子婴为秦三世皇帝呢？赵高说：“秦故王国，始皇君天下，故称帝。今六国复自立，秦地益小，乃以空名为帝，不可。宜为王如故，便。”[4]赵高不出三年，便把一个统一大帝国，糟蹋成一个破落小邦；所以他认为，秦只能称王，不能再称帝了，这也确是实情！只是，亏他说得振振有词，理直气壮，毫无愧色，这也是一件奇事！赵高志向不大，日后只想王关中，做个诸侯王。实际上，他只是一个乐于虐杀无辜的酷吏，以他的才能和心态，实在也没有能力做个诸侯王。

赵高所立的公子婴又是谁？子婴与秦始皇应有血缘关系，但身份不明。在《史记·秦始皇本纪》中，称子婴为二世之兄子，即始皇之孙。同时又提到在二世三年，“子婴与其子二人谋”，也就是说，子婴在二世三年（前 207）

时，已有两个能参与谋划极高机密的儿子，这两个儿子既能参与机密大事，当属成年，至少应在二十岁左右。这也就是说，始皇三十岁左右时，已是曾祖父了！如果此事属实，再加上传言所说，始皇母亲怀他十二个月才出生，是则始皇生理极为特殊，使人怀疑，他可能并非人类！

另在《史记·李斯列传》中，则称子婴为始皇弟，从年龄上讲，子婴是始皇弟之说，似乎比较合理。如果子婴确是始皇之弟，则子婴当是一个见多识广的中年人。子婴为人相当精明，他很早就已看穿赵高的奸计，曾力劝胡亥不可杀蒙氏兄弟[16]，但胡亥不听。子婴头脑清晰，又是一个不肯投靠赵高的人，这样的人必为赵高所忌恨，在二世元年，“灭大臣而远骨肉”运动中，子婴既是大臣，又是骨肉，他完全有可能与诸公子及蒙氏兄弟等大臣同时遇害。

但子婴不但逃过了赵高毒手，此时还被他立为秦王！这可能与子婴为人低调自保有关，自二世不听他的谏言后，子婴即噤若寒蝉，不动声色，因而逃过众多耳目，连赵高都说：“子婴仁俭，百姓皆载其言。”[4]当时秦国诸公子已几乎被赵高杀尽，所余诸公子中唯有子婴尚有才能，口碑不错，百姓也拥护他。事实上，除子婴外，赵高大概也不敢举立他人，自经“引玺上殿”测试后，他知道众怒难犯，当时外有大军压境，内有群臣反对，他不得不顺从众议，立子婴为王。当然，赵高必然也有他自己的计算，他立子婴为王只是一时权宜之计，子婴为人“仁俭”，锋芒不露，竟然瞒过了赵高，赵高误以为他愚懦一如二世，有信心自己随时可以把子婴玩弄于股掌之上，于是决定顺从众意，且先立他为秦王，日后再伺机弑君篡位。

于是赵高“令子婴斋，当庙见，受王玺”[4]，子婴并不糊涂，他了解赵高的为人，知道其中必然有诈。斋戒五日中，子婴思考再三，决定以其人之道，还治其人之身，定下杀赵高之计。子婴对他的两个儿子说：“丞相高杀二世望夷宫，恐群臣诛之，乃佯以义立我。我闻赵高乃与楚约，灭秦宗室而王关中。今使我斋见庙，此欲因庙中杀我。我称病不行，丞相必自来，来则杀之。”[4]赵高果然中计，子婴杀了赵高，夷其三族。

子婴颇有才干，如果三年前他能接替始皇之位，天下可能又是另一番景象，可惜此际为时已晚，大势已去，即使始皇复生，亦已无能为力。二世三年（前207），沛公破秦军，入武关（今陕西丹凤县），至霸上（今西安市东），子婴“系颈以组，白马素车，奉天子玺符，降轵道旁”[4]。子婴只做了四十六天秦王，秦亡。

［参考资料］

1. 司马迁：《史记·吕不韦列传》。

2. 司马迁：《史记·李斯列传》。

3. 司马迁：《史记·河渠书》。

4. 司马迁：《史记·秦始皇本纪》。

5. 尉缭：《尉缭子》。

6. 本书第二篇，《秦始皇生父之谜》。

7. 司马迁：《史记·廉颇蔺相如列传》。

8. 司马迁：《史记·老子韩非子列传》。关于韩非的参考资料尚有《战国策·秦五·四国为一将以攻秦》《韩非子。初见秦》等，但大抵都是谣言传说或伪作，不如《史记》可信。

9. 本书第三篇，《细说王负剑》。

10. 司马迁：《史记·刺客列传》。

11. 司马迁：《史记·白起王翦列传》。

12. 《睡虎地秦墓竹简》，文物出版社，2001 年 12 月 1 日。

13. 袁仲一：《秦始皇陵考古发现与研究》，陕西人民出版社，2002 年。

14. 本书第四篇，《何谓书同文字》。

15. 墨子：《墨子·明鬼》。

16. 司马迁：《史记·蒙恬列传》。

17. “隐宫”以往的说法是指宫刑，但自《睡虎地秦墓竹简》出土后，得知“隐宫”应是“隐官”，是指刑徒免罪后的服役场所。据《秦始皇本纪》记载，赵高有女婿名阎乐，他应是成年生育后才受宫的。

18. 税驾即脱驾，也就是退休的意思。李白在《行路难》一诗中，为了证实“功成不退皆殒身”之说，一连举出了四例二典："子胥既弃吴江上，屈原终投湘水滨。陆机雄才岂自保？李斯税驾苦不早！华亭鹤唳讵可闻？上蔡苍鹰何足道！"

19. 司马迁：《史记·项羽本纪》。

第六篇　范雎入秦

［提要］昭襄王从小生活在母亲宣太后羽翼之下，直到五十多岁才得范雎之助，摆脱了太后党的专权。辩士范雎是如何劝说昭襄王的？他如何稳定了昭襄王的政权？又如何定下了秦国此后对外的战略？宣太后曾手握大权达四十年之久，她会是兵马俑的主人吗？

秦自孝公发奋图强实行变法后，国势日增，此后经六代传至秦始皇。始皇奋六世之余烈，终于一统天下。在这七代一百多年的争战中，当以秦孝公、昭襄王、秦始皇三代秦王功绩最大。而秦孝公的商鞅、昭襄王的范雎、秦始皇的李斯则是这三代秦王的最大功臣。前文已谈论过商鞅和李斯的事迹，现在再谈谈范雎其人其事。又据说，有人认为兵马俑坑是宣太后的陪葬坑[1]。我们也可以从范雎的政策和理念中，去探讨这个问题的可能性。

公元前306年，十九岁的昭襄王即位，因他尚未及王冠之年，于是由他的母亲宣太后临朝听政。宣太后是中国有史以来，第一个真正临朝专政的太后。秦地处西陲，与戎狄为邻，风俗习惯有异于山东齐鲁诸国，当然更不会遵守后世那套宋儒礼教了。宣太后听政不需要什么“垂帘”，而且大胆豪放，不拘一格。她曾色诱强敌义渠王，并与其生下二子，最后又计杀义渠王，为秦取得陇西、北地、上郡等（今甘肃省东南部、宁夏南部、陕西北部、内蒙古南部一带）大片土地[2]。

范雎[3]本是魏国辩士，在魏蒙冤受辱，几乎丧命，幸得当时使魏的秦使王稽之助，改名换姓，亡命奔秦。当时太后党把持秦国朝政，宣太后之弟（昭襄王之舅）穰侯和华阳君，以及太后之子（昭襄王之弟）高陵君和泾阳君等四人，因太后之故，专横跋扈，富重于王室。范雎把这些太后党权贵称之为“四贵”，他认定四贵是秦国祸乱之源。范雎入秦时，昭王已五十多岁，太后亦已渐入垂暮之年。昭王并非平庸之辈，当时他已掌握政权，亦已看出其中弊端，只是从小生活在太后羽翼之下，养尊处优，娇生惯养，积习难改，一时不知如何下手。

王稽使魏回国后，向昭王报告，说在魏得一辩士范睢，此辩士称："秦王之国危于累卵，得臣则安。然不可书传也。"[3]他希望能面见昭王，面告安邦定国的大计。那时说客满天下，龙蛇混杂，昭襄王最讨厌那些夸夸其谈的辩士，心想，这个危言耸听、好做惊人之论的辩士范睢，定是一个骗饮骗食的无聊汉。于是就下令把他列为"舍食草具"的下客。范睢身居下客等级，待命年余，不得一见。

昭王三十六年（前271），穰侯挥兵越过三晋，直取齐国刚（今山东宁阳县附近）、寿（今山东乐平县附近），目的是为了扩大自己的封地。于是范睢上书昭王，隐隐约约说出一番道理，最后说，"语之至者，臣不敢载之于书"，要求面见昭王，并立下重誓："一语无效，请伏斧质。"[3]范睢不得不如此小心谨慎，一再表示只能见面详谈，不敢留下片言只字，为的是怕书信落入穰侯之手。秦相穰侯最忌讳那些诸侯说客，怕他们胡言乱语，动摇了自己的权力地位。当初范睢入秦时，如果不是应变及时，早就被穰侯捕杀。

昭王见书大喜，马上召见范睢于离宫。范睢入宫时，故意装糊涂，直闯离宫永巷，此时昭王刚好出宫。守宫太监见范睢如此鲁莽无礼，怒叱驱逐他，大叫"王来了！"范睢乘机装傻扮呆，高声和太监争吵，"秦安得王？秦独有太后、穰侯矣！"想以此激怒昭王。昭王闻声不怒，反而敬执宾主之礼，接见范睢。群臣见昭王待范睢如上宾，无不易容变色。

昭王屏退左右，跽而请问范雎：“先生何以幸教寡人?”[3]范雎面对昭王，唯唯再三，一言不发。昭王连问三次，他才表示，交疏言深，身处大王骨肉之间，未知大王心意，是以三问而不敢对。跟着他话锋一转，一针见血，指出昭王的大病：“足下上畏于太后之严，下惑于奸臣之态，居深宫之中，不离阿保之手，终身迷惑，无与昭奸。大者宗庙灭覆，小者身以孤危。”[3]范雎列举历史上不怕死的忠臣为例，一再表示自己不畏“穷辱之事，死亡之患”，但望“臣死而秦治，是臣死贤于生”。他下定决心，明言不畏“今日言之于前，而明日伏诛于后”，想以性命为赌注，逼昭王表态，期望博得昭王的信任。昭王闻言，果然向他保证：“事无大小，上及太后，下至大臣，愿先生悉以教寡人。”

于是范雎放言高论，指出秦地理位置优越：“大王之国，四塞以为固，北有甘泉、谷口，南带泾、渭，右陇、蜀，左关、阪，奋击百万，战车千乘，利则出攻，不利则入守，此王者之地也。”[3]除地利外，更有人民，“（大王之）民，怯于私斗而勇于公战，此王者之民也”。所以大王“以秦卒之勇，车骑之众，以治诸侯”，有如猛犬搏跛兔，霸业可期。但由于群臣莫当其位，穰侯为秦谋不忠，以至闭关十五年，不敢窥兵山东。

范雎知道他已引起群臣注目，他和昭王的谈话，势必有人偷听，所以不敢多谈内政，只谈些外事，打算投石问路，看看昭王有什么反应。他细察当前形势，知道必须要先对付穰侯，从他手中夺得兵权，才能立于不败之地。所以他首先向穰侯开刀，指出穰侯为秦谋不忠，有失职守，更进而批评穰侯越韩、魏而攻齐，是战略性的错误，他说：“夫穰侯越韩、魏，而攻齐刚、寿，非计也。少出师则不足以伤齐，多出师则害于秦。”因此，他提出了远交近攻的策略：“王不如远交而近攻，得寸则王之寸也，得尺亦王之尺也。”[3]昭王见他说得头头是道，果然有理，便拜他为客卿，让他主持秦国军事。从此秦军得以出关东征，开始实行远交近攻的策略。

又过了几年，范雎与昭王相知日深，闲谈间，范雎旧事重提，说他未入秦时，“闻秦之有太后、穰侯、华阳、高陵、泾阳，不闻其有王也”。而什么才是王呢？“夫擅国之谓王，能利害之谓王，制杀生之威之谓王。”而现在的情形又是如何的呢？“今太后擅行不顾，穰侯出使不报，华阳泾阳击断无讳，高陵进退不请。”也就是说，当今行政、外交、司法、人事等大权，全在太后及四贵之手。可以说大王全然不能“内固其威而外重其权”，实质政权已落入他人之手。因此现在秦国可说无王。而穰侯出征，实际上全为自己打算，“战胜攻取，则利归于陶（穰侯封地），国弊御于诸侯；战败，则结怨于百姓，而祸归于社稷”。诗云“大其都者危其国，尊其臣者卑其主”，且看今日朝中，“自有秩以上至诸大吏，下及王左右”，全是相国穰侯之人，你昭王已被架空孤立，“万世之后，有秦国者非王子孙也”[3]。

昭王闻言大惊，马上废了太后，驱逐四贵出关，拜范雎为相，并封之以应（今河南鲁山县），号为应侯。穰侯被逐出关时，辎车千乘而有余，车中“宝器珍怪多于王室”[3]。第二年（昭王四十二年，前265年），宣太后就死了，葬于芷阳郦山。

范雎为昭王策划，对内解决了太后党之患，对外定下了远交近攻的战略。从此秦国有了稳定的政治环境、明确的战略目标，因而后来的秦始皇才能以不到十年的时间，统一了纷争数百年的天下。

我们现在再回到篇首所提到的问题：谁是兵马俑坑的主人？它的主人会是宣太后吗？关于为什么秦俑不戴头盔、为什么不用铁兵器等问题，在其他篇中已有讨论，不再赘述。本文单从当时风气习俗、礼法规则中去探讨这个问题。兵马俑坑可能是宣太后的陪葬坑吗？答案是显而易见的。一个被废了的太后会有一支装备齐全的百万雄师来陪葬吗？即使是一个没有失势的太后，大概也只有一些宫女俑、百戏俑和仪仗俑来陪葬。用一支虎狼之师的远征军来给太后陪葬，实在不合礼法、不成体统，兵马俑坑不可能是宣太后的陪葬坑。

假设当时不顾礼法，宣太后在阴间真的有一支虎狼之师，那又将如何呢？如果这支秦俑大军真的是宣太后在阴间的大军，那么，为宣太后主持军事大计的必是穰侯。穰侯会任用何人为这支大军的主帅呢？必是白起。穰侯、白起二人关系密切，早年白起就是经穰侯推荐才成为秦军大将，后来又被封为武安君[4]。长胜将军白起为战国四大名将之首，由他领军的地府阴兵，必会成为一支战无不胜、攻无不克的大军！

太后和穰侯拥兵阴间，目的何在？当然是为了报仇雪恨。仇人是谁？正是范雎！范雎不但是宣太后和穰侯的仇人，他也是武安君白起的仇人。白起在长平大败赵军后，昭王四十八年，秦军兵分二路，王龁拔皮牢（今山西翼城），司马梗定太原（今山西太原）。于是韩、赵恐慌，急请说客苏代厚币游说秦相应侯范雎，目的是间离范雎和白起的关系，同时断绝常胜将军白起再度领军攻赵的机会。为什么要间离范雎和白起的关系呢？赵军在长平之战中，全军覆灭，损失四十五万人马，其最主要的原因有两个：一是中了范雎的反间计，以马服子赵括代廉颇将[3]，二是遇到了常胜将军白起的神奇战术[5]。范雎、白起二人同心，天下无敌！赵国为求免予被秦军所灭，必须要破坏范雎与白起的关系，阻止白起再度领军攻赵。

于是苏代入秦，对范雎说："武安君所为秦战胜攻取者七十余城，南定鄢、郢、汉中，北禽赵括之军，虽周、召、吕望之功不益于此矣。今赵亡，秦王王，则武安君必为三公，君能为之乎？"[5]这一招直击范雎要害！范雎当年在魏初出道时，家贫无依，投奔魏中大夫须贾。有一次范睢跟从须贾出使齐，齐襄王很欣赏范睢的辩才，赏赐他金十斤及牛酒，须贾因而起疑，认为范睢定是向齐襄王泄露了国家机密，因而才会受到齐襄王的奖赏。回国后，须贾向魏相魏齐报告此事，魏齐大怒，当场把范睢打到骨折齿落，还把他扔入厕所，任由醉客便溺[3]。范睢死里逃生，入秦为相后，虽已快意恩仇、羞辱须贾，追杀魏齐，但对当年所受之辱始终难忘，再也不愿位居人下、任人宰割摆布了。

苏代再接着说：“秦尝攻韩，围邢丘，困上党，上党之民皆反为赵，天下不乐为秦民之日久矣。”[5]苏代指出当年上党百姓宁为赵人，也不愿做秦人，天下早已不愿为秦之顺民了，就算你灭了赵，又能如何呢？“今亡赵，北地入燕，东地入齐，南地入韩魏，则君之所得民亡几何人。”也就是说，就算你灭了赵，土地也被燕、齐、韩、魏所瓜分，秦国也得不到赵国百姓的归附，反而从此你要听命于白起，成为他的下属，“故不如因而割之，无以为武安君功也”。苏代劝他接受韩赵割地求和，不要让白起再有立大功的机会。范睢被他说服，于是对昭王说：“秦兵劳，请许韩赵之割地以和，且休士卒。”昭王听从了他的建议。于是两军言和，韩赵割地，秦国罢兵，“武安君闻之，由是与应侯有隙”[5]。白起征战沙场，谋略过人，但对官场斗争却无能为力，从此心灰意冷，一再称病，抗王命，拒出征，终被昭王驱逐赐死。武安君死而有知，必报此仇。

这支怨气冲天、同仇敌忾，由常胜将军白起领军的地府大军一出，范雎必败无疑。范雎为什么会必败无疑？范雎当年被魏齐虐打至奄奄一息，幸得郑安平及王稽之助，才能入秦为相。范雎富贵后，为报答二人恩德，把二人都提拔为秦国高官。白起死后，秦国无大将，郑安平奉命攻赵，却被赵军包围，结果以兵二万人降赵。王稽为河东守，也没什么出息，最后因私通诸侯而被诛。范雎带着这些下属应战，哪里是白起的对手！

从上面的描述可知，范雎，正如《史记》所说，是一个“一饭之德必偿，睚眦之怨必报”[3]的人。以己之心度人，范雎会让宣太后带着一支势不可挡的百万雄师到阴间去，再回过头来向自己兴师问罪吗？范雎对付四贵之所以能成功，就是一开始便夺去他们的军权。此后，无论在阳世或阴间，范雎再也不会让四贵拥兵为患。而且明眼人都知道，宣太后这支地府阴兵一旦成军，他们明里虽是打着讨伐范雎的旗号，实则剑指昭襄王，所以不必范雎出面，昭襄王就第一个不会让这支蓄意谋反的地府阴兵成军。

现代人也许对古人事死如事生的观念难以了解，认为宣太后带领一支百万雄师到阴间去并不是一件什么大事。但古代却是不可能有这种事发生的，以上距秦始皇时代不过三十多年的汉文景时代为例，那时的大将周亚夫曾外御匈奴强敌，内平七国之乱，为文景之治立下了极大的汗马功劳，不料这个曾当过丞相的大将军，最后竟因购备了五百副陪葬甲盾，因而以谋反入罪，其理由正是："纵不反地上，即欲反地下耳。"[6]

此外，袁仲一先生已指出，兵马俑兵器上有铭文，例如："七年相邦吕不韦造寺工周丞义工成"等，证明兵器制于始皇年代。秦律有严格的品质管理制度，据吕不韦的《吕氏春秋》记载："物勒工名，以考其诚；工有不当，必行其罪，以穷其情"，兵器上的铭文不会有假。宣太后是秦始皇的高祖母，她的葬礼当然不可能等到秦始皇年代才举行。再者，宣太后的葬地（芷阳，今韩峪乡）不在兵马俑坑附近[1]。宣太后的墓应在兵马俑坑西南角方向，隔了一条河道（临河），直线距离也有十公里之遥。相对而言，兵马俑坑约略在秦始皇总体陵园区的东西中轴线上，距始皇陵仅一点五公里。这支气势磅礴的百万雄师，其主人，除了千古一帝秦始皇外，又会是谁？

[参考资料]

1. 袁仲一：《秦俑发现三十五周年讲话》，《秦俑研究回顾》。

2. 司马迁：《史记·匈奴列传》。

3. 司马迁：《史记·范雎蔡泽列传》。

4. 司马迁：《史记·穰侯列传》。

5. 司马迁：《史记·白起王翦列传》。

6. 司马迁：《史记·周勃世家》

第七篇　秦俑工程分析

[提要] 秦始皇兵马俑大军负有何种任务？是宫廷护卫队，是咸阳城守军，还是另有其他任务？秦俑三坑兵俑，各有何种职责？何种任务？建造真人大小的秦俑大军是谁的主意，目的何在？整个秦俑工程主要应包括哪些工程程序？秦俑工程约于哪年开始？秦俑工程以哪一项工作费时最久？整个秦俑工程，从设计到完工大约用了多长时间？秦俑为何都身高体壮？兴建兵马俑坑的木材来自何方？秦末农民起义时，骊山徒正在兴建的是什么工程？秦俑数目有何特殊意义？秦军军种按何种比例分配？

研究秦始皇兵马俑，首先必须要对秦俑工程，从设计到封土完工，有充分的了解。实际上，任何与秦俑有关的课题，归根结底，往往要牵涉秦俑工程中的细节。例如，要了解秦俑大军的本质，就必须要探讨兴建秦俑的目的、秦俑的阵势排列，以及工期年代等等细节问题。

秦俑何时开始生产？工期有多长？袁仲一先生曾经研究过秦俑工程中的工期问题。他根据秦俑兵器制造年代的铭文（始皇三年至十九年），因而认为："兵器放进俑坑的时间上限，不会超过秦王政十九年（前228）。此距秦统一全国（前221）后大规模修筑陵墓相隔7年。因而兵器放进俑坑的时间似在公元前221～前209年秦亡前这段时间内。"[1]此处所说的"兵器放进俑坑"，就文意上理解，应是指把兵器放进已在俑坑内的俑像手中，或是指把兵器放进不在俑坑内的俑像手中后，然后再与俑像同时放进俑坑中。

上述说法有下列几个假设：（一）公元前221年，全体俑像早已造好；（二）公元前221年，挖掘俑坑的工作亦已大致完成，兵器开始放入坑中；（三）始皇三年造的兵器，等了二十三年至三十五年后，才拿出来放进俑坑中；（四）始皇十九年造的兵器，也等了七年至十九年后，才放进俑坑中；（五）俑像是全体一起入坑时，才配上兵器入坑的。

此后，袁仲一先生更进一步说："俑坑内出土的铜兵器铭文中时代最晚者为五件始皇十九年（前228）寺工铍。此距统一全国（始皇二十六年，公元前221年）后进行大规模地修建陵园的工程仅差七年。由此推测，秦俑坑的修建当是在统一全国后进行的。秦始皇于公元前210年死葬于骊山；次年农民大起义，修陵的人员被征调去与农民起义军作战。因此俑坑修建的时间下限应是在公元前209年，俑坑修建大约用十年的时间。”[2]

袁仲一先生没有说明，他是如何根据寺工铍铭文年代（始皇十九年），与统一年代（始皇二十六年）仅差七年这一事实，而推断出秦俑坑的修建是在统一全国后才进行（“才进行”当是“才开始进行”之意）的结论。同时袁先生所说的“秦俑坑的修建”也只包括修建俑坑，和把俑像兵器放入坑中等工作，并没有把秦俑工程的构想设计，和俑像的雕塑烧制等重大而且费时的工作考虑在内。事实上，挖建俑坑和把已造好的俑像和兵器放入坑中，都是比较简单易行的工作，这两项工作合计，应不需要十年之久。

又因为他说，“次年（按即前209年）农民大起义，修陵（按包括修建俑坑工程）的人员被征调去与农民起义军作战”，于是又引出了四号坑的问题。他认为未完成的四号坑是属于秦始皇兵马俑的一个坑，因修坑人员被征调去与农民起义军作战而停工。但事实上，没有任何证据可以证明，空无一物的四号坑与秦始皇兵马俑有任何关系。

有论者为了证明秦俑坑的修建，是在统一全国后才开始进行的，因而特别指出，秦地不产木材，修建兵马俑、始皇陵、阿房宫的木材是始皇统一天下后，才由蜀楚木材产地运来的。秦地当时不产木材？事实上，秦汉时期，关中一带草木丰茂，俑坑修建，完全可以就地取材，不必舍近求远。后世因为气候变迁、历代建都、人口大增、采伐开垦过度等原因，再加上战乱经年，才变得草木稀疏。而且《史记》明确记载，始皇陵建于始皇即位之初，并非始皇统一天下之后。如果秦地缺乏木材，始皇即位之初，根本无法兴建那一开始就需要耗费大量木材的建陵工程。

根据《史记》记载，始皇三十五年（前212）才开始计划从蜀荆之地运送木材，两年后始皇便死了。蜀地当时虽有古道，但蜀道自古艰难，秦蜀古道多设栈道，无法运输数量众多、体积巨大的建材。秦人当时并没有堑山堙谷，开辟由蜀地到咸阳的直通大道，如果木材真的来自蜀地，秦俑坑不知要建到何年才能完工。以一千六百年后，明成祖在北京建明皇宫为例，明皇宫的兴建，以运送木材石料费时最久，由永乐四年（1406）到永乐十五年（1417），足足用了十一年的时间，而且明成祖时代有大运河输送，比秦始皇时代方便得多。就算秦始皇时代，运送木材石料也只用了十一年的时间；那么，从始皇三十五年（前212）开始运送木材，到木材全部运送至骊山时已是汉高祖六年（前201）了。

此外，还有人道听途说，缺乏正经论证，凭空创造了不少秦俑各种说法。例如有人说，诸多秦俑不同的手势是一种手语，暗示秦始皇藏宝地点；秦俑三坑大军是当年秦始皇军校的校址；秦俑虎狼之师是宣太后的私人军队等等。更有人为了顺应潮流，与西洋接轨，强说秦俑大军的长矛，千里迢迢，来自西方的希腊长矛方阵（见本书第十篇《先秦长短兵器考》）。这些娱乐性的说法如果只停留在娱乐界的层次，本也无可厚非，但如影响到大众对历史文化的认知，那就需要加以澄清了。

以上诸说，证据不清，立论不明，思维混乱，缺乏逻辑推理，都无法解开秦俑之谜。本文试图根据已知数据、现场物证，合理推论，对秦俑做深入了解。要想了解秦俑，必须要对秦俑本质细加分析，对整个秦俑工程，从设计、制造，到俑坑布置都要做全面研究。目前，我们只能利用有限的已知资料，对秦俑工程做一个合理的分析。

一、秦俑三坑

秦始皇兵马俑在秦始皇陵园以东约 1.5 公里处，全体向东，共有三个坑（见图二，插图篇，A2），坑深约为五米，依发现的先后，分别编为一、二、三号坑。（一）一号坑为主力部队，面积约为一万四千二百六十平方米。全阵以中间的 36 纵列战车步兵队为主体。阵的四周，分别排列面向阵外的前锋、右翼、左翼和后卫；（二）二号坑为特种部队，面积约为六千平方米，内有四队不同的兵种，分别为：弩兵队、骑兵队、车步骑队和战车队（见图三，插图篇，A3)；(三）三号坑为指挥司令部，面积约为五百二十平方米，内有卫士兵俑数十个，装饰较华丽的战车一辆[1]。

1976 年，在一号坑之北，二号和三号坑之间，发现了一个废弃坑，称之为四号坑。有学者认为，按左、中、右三军的说法，如果把三号坑指挥司令部称之为军幕，二号坑称之为左军，一号坑称之为右军，则四号坑应是中军[1]。问题是，秦始皇兵马俑在史籍上全无记载，秦军是否有左、中、右三军之分也无可稽考，四号坑是中军之说极为可疑。就整体而言，四号坑的位置方向有所偏差，而且其建筑结构也与其他三坑完全不同，坑中空无一物。兵马俑各坑完工时间不会相差太远，不可能其他三坑已完工封顶，而四号坑才开始挖掘，连一个俑像都没有。如果四号坑是兵马俑坑之一，则不论如何匆忙，至少应有一些隔梁、门道、过洞、夯土、地砖或兵俑破片的遗迹可寻，不会完全空无一物。四号坑建于何年代、目的何在，不得而知，但应与秦始皇兵马俑无关。

古籍中没有秦军作战编制的确实记载，秦军并无左、中、右三军之分，但本书为了便于解说，常把一号坑称之为右军，二号坑称之为左军，三号坑称之为军幕。这只是便于行文，并非确认或支持三军之说。

秦俑三个坑已发掘出的兵器达四万多件，包括远射兵器（弩、箭镞)、短兵器（剑、吴钩)、长兵器（戈、矛、戟、铍）和仪仗殳等。

兵俑使用何种兵器，可由其手势来判断。如弩兵队兵俑左手托弩臂，右手扣悬刀，显然是双手拿着箭已上弦的弩。骑兵则右手牵缰，左手提弩，箭未上弦，随时可飞身上马。其他兵种，如果右臂弯肘，拇指和其他四指合成圈状的，定是提着长兵器；如果双手下垂，左手手指伸直，右手手指合成圈状的，则是右手持剑，左手扶着剑鞘。也有步兵俑双手下垂，但左手手指弯曲的，则可能是提着弩。

秦军装备精良。一号坑前端那些轻袍士兵，手执各种兵器，显然是精于灵活运用长短兵器，实行互补合击之术的武士。秦军战车上，除了长短兵器外，亦应配有弓弩，不用时就把它挂放在车上。除特种战车队外，秦军战车常配有步兵，这种战车配步兵的作战阵式，与近代坦克装甲步兵的战斗队形完全相同。

二、秦俑性质

秦俑在古籍中没有任何记载，关于兵马俑的性质，只能推测。目前除了少数没有什么根据的说法外，论者多数都认为，秦始皇兵马俑是秦始皇地宫宫廷护卫，或是保卫秦始皇地下京城（咸阳城）的军队。

秦始皇宫中确实有大批卫队、郎中等护卫人员。但这些护卫人员都应驻守在地宫之内，不会离开宫门太远。兵马俑距离宫门太远，而且配备弓弩、战车、战马，这种非宫廷护卫人员所使用的装备，显然不是地宫护卫人员。

那么，兵马俑会不会是一支保卫地下咸阳城的军队呢？

也不可能。守城的军队应守在城门内外，或城墙上下，不会离城过远。除非外敌入侵，兵临城下，否则秦军不会跑到城外布阵，更不可能把大军的指挥司令部（军幕）由城内搬到城外。此外，古代守城军队的主要装备是弓弩和长短兵器，并不需要秦俑大军中那些数量众多的战车和经专业训练的特种骑兵大部队。

秦始皇时代，会有一支剑拔弩张，马上就要和敌军展开一场生死血战的秦军，在咸阳城外布阵吗？秦王志在天下，那时秦军气势如虹，只有秦军出关远征，攻城略地，从来没有六国军队兵临咸阳城下的事。六国军队，不要说兵临咸阳城下，就连逼近函谷关的机会都没有。秦国根本不需要以举国的兵力，守着区区一个咸阳城。退一步说，就算敌军兵临城下，秦军在城下作战，指挥官也应在城墙之上，居高临下，发号施令，不会把本应设在城墙内的军幕搬到城外。

那么秦俑大军是一支什么性质的军队呢？秦俑大军应是一支面向东方，摆下阵势，随时候命出击的野战大军，这显然是一支以山东六国为征伐对象的远征军。大军装备了弓弩、战车、战马等远征军装备。

兵马俑三坑的排列（见图二，插图篇，A2），是远征军会战前，在垒壁或阵地内所摆下的阵势。秦俑的右军是主力部队，左军是特种部队。左右二军并排在垒壁大门之后，或阵地之前，只要一声令下，便出阵杀敌。军幕则固定设在垒壁或阵地后方。此时大军的主帅、副帅和左右二军的领军大将正在军幕内研判敌情，决定出击战术。那么军幕前，那一大片场地（即四号坑用地）做什么用的呢？那应是军士们在垒壁或阵地内日常生活的场所，也就是士兵们架设营帐、埋锅做饭、喂养马匹、投石练武，以及存放粮食装备等用的场地。大军列队准备出击时，这块场地上不应排列有任何队伍。

三、秦俑工程

秦俑工程是指整个秦始皇兵马俑工程，包括从构想设计到封土完工，整个工程程序。本文讨论重点包括工程时间及工程顺序等问题。整体秦俑工程大略可分为三个阶段去讨论：（一）构想设计；（二）生产俑像；（三）建坑布置。现分述如下。

（一）构想设计。秦俑远征大军是谁下令兴建的？兴建兵马俑必然是少年秦王的主意。为什么？兵马俑工程牵涉复杂，史无前例，是谁提出这个破天荒的构想？他为什么要提议兴建这样一群前所未有、目的不明、数目庞大、种类复杂、烧制困难、耗费巨大，听起来又有点荒唐的兵马俑像群呢？是谁提出了这个主意，同时又有权力下令进行这项工程建设？答案只有一个，提议兴建兵马俑的必是少年秦王，唯有少年秦王提议兴建兵马俑，所有疑问才能得到合理的解释。少年秦王兴建兵马俑，不但有明确的目的、充分的理由，而且因他身份特殊，在工程中遇到任何困难，都可以不惜工本得到解决。少年嬴政为什么要兴建一支如此规模的秦俑大军呢?

始皇初即位，穿治骊山，开始建陵。即位那年（前247年），始皇才十三岁，陵墓中要有些什么珍宝陪葬物，一时还不能决定，陵墓设计者，只能先行设计一些王侯墓中必有的，如各式俑像等项目。最初设计的俑像，无非是按以往经验惯例，制造一些高不超过一米，甚至只有数寸，面目无明显不同，手拿小型乐器或兵器的奴仆、乐师、仪仗队等俑像行列。这些俑像通常大概都是与墓主同穴或在距离墓主很近的陪葬坑中。当时王陵工程的最高负责人应是相国，也就是秦王的仲父吕不韦。少年秦王见到了这些俑像样本后，有什么反应呢？根据当时少年秦王的心态，我们可以推测，他必然会对吕不韦表示不满。为什么?

嬴政出生那年，他的父亲子楚在赵为人质。他出生前后数年间，秦赵关系非常恶劣，两国间战事频繁。嬴政出生前一年（秦昭襄王四十七年，公元前260年），秦军坑杀四十万赵军于长平；昭襄王四十八年（前259）正月，嬴政在赵都邯郸出生，同年，秦将王龁拔皮牢，司马梗定太原，十月，秦军兵临邯郸城下；次年（昭襄王四十九年，前258年），秦增兵攻赵[3]；昭襄王五十年（前257），嬴政三岁，秦将王龁领军围攻邯郸，赵都危急，赵欲杀人质子楚，“子楚与吕不韦谋，行金六百斤予守者吏，得脱，亡赵秦军，遂以得归”[4]；昭襄王五十一年（前256）秦军取赵二十余县，首虏九万[3]。

子楚是得脱回国了，但嬴政和母亲却在邯郸被赵军追杀。母子二人东躲西藏，过着艰苦的逃亡生涯。直到公元前251年，昭襄王卒，子楚立为太子，赵才奉子楚夫人及子政归秦。回国那年，嬴政九岁。那段寄人篱下、被赵军追杀的经历，在嬴政幼年心中，必然投下了不可磨灭的阴影。这段童年生活对他日后思维行事，以及多疑性格的形成，有极大的影响。嬴政幼经忧患，心智早熟，回国后，不数年，已渐长成为一个深谋远虑、胸怀大志的少年。他眼见秦军壮盛，心中暗喜，萌生了灭赵复仇的念头。

当少年秦王见到俑像最初设计样本时，必然极为失望，心想，这些玩具兵偶哪能彰显秦军的壮盛军容？如何能灭赵复仇？于是少年秦王马上向吕不韦表示不满，明白表示他要的是一支依照秦军实际形象组成的百万大军，即使他生前不能报仇雪恨，死后也要带领这支地府阴兵，灭赵复仇，进而一统天下。秦王决定要在阴间，建立一支能一统天下的虎狼之师！

吕不韦何许人也！当年他眼光独到，看出子楚奇货可居，定下长远投资计划，终能位极人臣。此时，于公他身居相国高位，于私他是秦王仲父。吕不韦一听少年秦王之言，立即看出其中无限商机，正好借此激励秦王，大展宏图。于是下令，就按照秦王的旨意，以秦军精锐百万雄师为原型，制造真人大小，手提真实兵器，显现出磅礴不凡、气壮山河之势的兵马俑。秦俑大军的设计原则，就此决定了下来。

按真人大小，手执真实兵器的兵马俑设计原则，就此决定，至于具体困难问题如何解决，那是工程人员的事了。少年秦王当初提议要建秦俑大军时，修陵各级官员和工匠可能都有点茫然，但一旦得知他兴建兵马俑的理念和目的后，便都大为振奋，纷纷献策，提出了各种工程设计方案。复制百万秦军显然是不切实际之举，而且实际上，秦军精锐大概也没有达到百万之数。最合理可行的设计方案就是到秦军中，挑选那些身高体壮的军士（一如现代到军中挑选仪仗队队员），和多谋善战的军官，作为模型，塑成俑像。每一个兵俑代表一百个同类军士，以总数一万个兵俑代表百万秦军。

兵马俑坑兵俑总数只能有一个粗略的估计，兵马俑三坑尚未完全发掘，而且经两千多年人为以及自然灾害的破坏，兵俑原来的真实总数已不易确定。三个坑（见图二，插图篇，A2）中，以一号坑主力部队兵俑最多，据估计，一号坑内约有六千个兵俑[5]，但因破坏最为严重，坑中真正兵俑数目已难以确认；二号坑特种部队兵俑较少，为985个[1]，二号坑队列较为精准，所估计的兵俑数目较为可靠；三号坑以俑像的性质为重，俑像数量对全体兵俑总数影响不大。

在始皇陵墓建筑中，以某种比例的象征性设计，并非少见。例如，一个地宫可以代表整个咸阳宫，地宫外城又可代表咸阳城城墙。陵墓实物的大小多寡，也可依不同的状况，采用不同的比例设计。例如，兵马俑身形的大小按一比一的比例，铜马车则按一比二的比例等。所以，以一个兵俑代表一百个同类军士是可以了解的。

少年秦王要以一支远征六国的百万雄师陪葬，但当年的陵园设计者不可能真的把这支大军放在函谷关千里之外，而只能象征性地把它放在距离地宫较远、较恰当之处，现知其距离为1.5公里，这个距离可能是按某一特殊比例定下来的，用以表示这是一支远离函谷关，出征山东六国的远征军。把兵马俑定位为远征军后，三个坑的性质就很清楚了。如前所述，一号坑右军是大军的主力部队，二号坑左军是大军的特种部队，三号坑军幕是大军的指挥司令部，兵俑总数约为一万。

为什么把主力放在右侧呢？那是当时的礼仪规则，其中别有深意。老子曰："君子居则贵左；用兵则贵右。……吉事尚左，凶事尚右。偏将军居左，上将军居右。"[6]老子是个大智奇才，他的言论往往出人意表，但这一段话却非常平实，全段只在解释当时的礼仪习俗，但言谈之间却显露出先秦智者悲天悯人的情怀。"天地不仁，以万物为刍狗"，战争杀戮是人类的悲哀，是"不得已而用之"的凶事，所以用兵贵右，要把凶事主力放在右侧。古代圣人对战争的态度是："杀人之众，以悲哀泣之；战胜，以丧礼处之”，所以用兵贵右。

秦俑大军的设计是一项前无古人、后无来者，极具想象力的新创。唯有充满幻想的少年，才有这种天马行空的想象力，而唯有嬴政这个少年，才有如此庞大的财力和权力，使幻想得以实现。此时，当是少年始皇初即位之际，估计约在始皇三年（前244）前后。

（二）生产俑像。大型俑像烧制不易，头颈手足要分段塑制，各段经过精雕细刻，再组合连接烧成兵俑。秦俑像的写实度要求很高，连鞋底花纹等细节都要显示出来，越高级的军官其塑像必然越是逼真。为了完成这个超级任务，必然需要一批技艺高超的雕塑艺人。此外，大形窑炉的温度和火焰通风走向都不易掌握控制，其中技术困难重重，也需要有一批精专于烧窑设计的技术人员，设计一套可行的生产程序，训练技师，才能进行大规模生产。

战国时代，烧制这种大型俑像陶器，应是前所未有的尝试。估计这个计划试制阶段需时甚久，没有一两年的建窑试制研究，无法正式进行有计划的生产。

正式生产后，每次成品出窑，总会有很多变形、破碎或不合要求的产品，这些不合格产品都得要毁弃重塑。由于受实际情况所限，窑炉设备不可能随时随地大量兴建，同时也很难觅得大批雕塑技艺高超的工匠，和经验丰富的烧制技师。所以说，兵马俑工程，有异于其他工程，由于能工巧匠难求，光是人多力大是无法早日完工的。估计技艺高超的能工巧匠总数大约只有数百，他们大部分应该不是刑徒。从秦俑成品可以看出，这些工匠对他们的作品，付出了艺术创作的热情，慢工才能出细活，严刑酷法并不能促进生产精美艺术品。

俑像烧制成型后，还要上色，然后再按不同军种配搭不同兵器。效率最恰当的生产程序是，俑像烧制完成，上色后，马上按兵俑的军种、身高、手形配上大小长短合适的兵器。如果到最后布置俑坑时，再替那上万的兵俑配搭兵器，遇有不合的还要修改重塑，将会非常混乱，以致工程无法进行。因此，秦俑俑像应是在窑炉内烧制完成，并上色后，跟着便配搭兵器，完成整个俑像配件后，再放入库中存放。待俑坑建成后，上万个俑像马上便能有条不紊、一一放入坑中预设位置，不必再为配搭费心。

当时会不会不顾效率，硬是要到最后建坑布置时，才把兵器配搭上去呢？应该不会。如果所有兵器都是最后建坑阶段时才配上去的，那么，所有兵器应该都是同一时期的产品，都是某一年（例如开始建坑布置那年）前后所制，相差年代不会过远。但由兵马俑出土的长兵器年代铭文得知，目前所知年代最早的是始皇三年（前 244）的戈，最晚的是始皇十九年（前 228）的铍，年代并不接近。由此可知，俑像不是全体完成后，再同时配备兵器的。每个俑像应是烧制完成，上色后，再配搭当时兵库中已制造好的兵器。因此兵俑完成年代应与兵俑手中兵器的制造年代接近。例如，手中拿始皇三年制兵器的俑像应是始皇四年或五年制成的。所以根据全体秦俑兵器制造跨越的年份，我们可以断定，生产全体俑像，前后至少用了十多年的时间。

秦人会不会把早年制造的兵器拿出来配上去呢？极不可能。始皇从初即位（前246）开始，到统一六国（前221）为止，二十五年间，每年战事频繁，兵器折损率极高，尤其是始皇十六年（前231）起，“初令男子书年”[7]，开始大量征兵，兵器需求量更是大增。始皇三年的戈，即使在太平盛世，也不可能在兵器库中保存了二十三年，甚至三十五年而不用。

如上所述，根据俑像所配备兵器的制造年份，可推测出俑像的制造年份。始皇统一战争时期，大型会战不绝，秦军兵器大概都是一两年内的产品。我们现在已知有一部分兵俑的长兵器制于始皇三年至始皇十九年。因此，我们可以推断，至少有一部分兵俑是在始皇五年至始皇二十年间生产的，这一段时间很可能就是俑像生产的高峰期。兵马俑中很多兵器被掠夺失踪，而且并非所有兵器都有明确可见的制造年代铭文，很多兵器可能是早于始皇三年或晚于始皇十九年制造的。所以，我们可以断定，全体兵马俑实际生产制造时间，一定大于十五年。考虑到各种因素，全体上万的兵马俑正式生产年代，大约是从始皇四年（前243）至始皇二十三年（前224）间。

（三）建坑布置。在生产俑像阶段，就应已考虑秦俑大军需配有何种装备、军阵如何布局，和全军放置在何处等问题。兵马俑坑道不必过早挖掘，挖掘早了也只是一个没有用处的露天大坑，经雨淋日晒，洪水冲刷，很快就会坍塌毁坏。如果过早挖掘，到了俑像入坑时，还得要重新挖掘整理。最有效的施工程序是，俑像上色，配上兵器后，先存放在库房中，待俑像生产达到一定数量，算出俑坑大小，再挖坑布置。俑像在坑中的阵势排列，则全按秦远征军出阵作战前的阵势布置，布置好后，马上封顶掩埋。俑坑挖掘整理工作不会费时太久，最多不会超过一两年，建坑、搬运、布置、掩埋等工作也只需数百劳工足矣。大约在始皇二十四年（前223）至始皇二十五年（前222）间，全部工程应可完工。

但到秦俑工程后期，需要考虑下列情况：（一）统一已接近完成，百废待兴，人手不足；（二）远征六国的任务已接近大功告成，秦俑大军的目的已达，工程可稍缓下来，做其他更迫切的工作；（三）始皇已非二十多年前那个少年，他对秦俑大军的兴建，已不如当年热衷。所以到了秦俑工程后期，接近完工的秦俑工程已非重要工程，整个秦俑工程真正完工之日，可能会因其他更重要事务而延迟。

兴建兵马俑是少年秦王嬴政的主意。估计整个秦俑工程，从始皇初即位（约于始皇三年，前244年）开始设计，到统一接近完成前后（始皇二十五年，前222年左右）修建完毕。误差约为正负三年。

四、后期工程

袁仲一先生不考虑兵俑设计和制造过程，只考虑建坑布置，同时他认为兵俑的兵器是入坑前，才全体兵俑同时配上后一起入坑的，所以他的结论是：兵俑入坑大约在始皇二十六年（前 221）至二世元年（前 209）间。本文上面所估计建坑布置时间为始皇二十五年（前 222），这和袁仲一先生所说的上限相近。但要注意的是，始皇统一全国后，山东六国既定，秦国的军事策略，已由出关东征，改为北伐匈奴、南征百越，如果统一六国（始皇二十六年，前 221 年）后，才开始兴建兵马俑，秦俑大军也就不会面向东方了。

袁仲一先生把兵俑入坑的下限定为二世元年（前 209），那是因为这年农民大起义，修陵人员被征调去与农民起义军作战。他所说的修陵人员，即骊山徒。根据本文论证，始皇二十五年左右，秦俑工程已接近修建完毕，那么，此后从始皇二十六年（前 221）到二世元年（前 209），那些骊山徒都在修建一些什么工程呢？农民大起义那年（二世元年，前 209）他们又在兴建什么工程？

始皇二十六年（前 221），六国既定，天下归一，秦国掠得大批珍宝美女。《史记》：“秦每破诸侯，写放其宫室，作之咸阳北阪上，南临渭，自雍门以东至泾渭，殿屋复道周阁相属。所得诸侯美人钟鼓，以充入之。”[7] 始皇所掠得的大批珍宝，除了充入宫室外，至少有一部分存入秦始皇陵地宫之中，因珍宝越来越多，皇陵地宫也就越建越大，越建越复杂，需要大批劳工。地宫有多复杂?《史记》:“穿三泉，下铜而致椁。宫观百官，奇器珍怪徙臧满之。令匠作机弩矢，有所穿近者辄射之。以水银为百川江河大海，机相灌输，上具天文，下具地理。以人鱼膏为烛，度不灭者久之。”[7]由此可知，秦统一六国之初，各地调来大批劳工，这些劳工主要的工作就是兴建仿诸侯宫室，和皇陵地宫工程。

到了始皇三十五年（前212），“始皇以为咸阳人多，先王之宫廷小，……乃营作朝宫渭南上林苑中”[7]。始皇见咸阳人口大增，日渐繁荣热闹，觉得自己既是传之万世的始皇帝，先王所建的宫殿实在过于狭小，无法彰显千古一帝的威仪，有失帝王之都的形象，虽加建了仿诸侯的宫室，还是不足，于是计划兴建阿房宫。始皇好大喜功，应早已有大兴土木、兴建宏伟宫殿的打算，只是刚定天下不久，百事待兴，一时无法兼顾。到了始皇三十五年，仿诸侯宫室工程已完工，于是开始计划兴建宏伟的阿房宫。从始皇三十五年开始，“隐宫徒刑者七十余万人，乃分作阿房宫，或作骊山”。[7]此时（始皇三十五年）秦俑工程应早已完工，七十余万骊山劳工主要的工作是兴建皇陵地宫和阿房宫。

阿房宫有多宏伟?《史记》:“先作前殿阿房，东西五百步，南北五十丈，上可坐万人，下可以建五丈旗，周驰为国道，自殿下直抵南山。表南山之巅以为阙。为复道，自阿房渡渭，属之咸阳，以象天极阁道绝汉抵营室也。”[7]

这是一幅描述阿房宫的设计草图。阿房宫工程浩大，不是三五年就能建成的，当时所能做的只是“先作前殿阿房”，开始测量设计前殿。事实上，阿房宫并未建成，所以接着太史公明确指出：“阿房宫未成；成，欲更择令名名之。”阿房宫因“作宫阿房”而得名，“阿房”只是一个暂时的代号。秦以法家为立国之本，阿房之名乡土俗气太重，不能彰显法家帝王的德威，所以阿房宫建成后，还得要为它重新取一个威严典雅的名字。

此时（始皇三十五年），始皇既已据有天下，建阿房宫自当选用来自全国各地的上好建材，于是开始计划“发北山石椁，乃写蜀荆地材皆至”。阿房宫工程在始皇三十五年开始设计、选址，及进行初期测量设计前殿等工作。这些工作都颇为费时。这个浩大的阿房宫工程建筑计划才开始不到两年，始皇崩，阿房宫工程计划全部停顿，全体徒刑劳工投入始皇陵工程（主要是地宫）的建筑，日夜加紧赶工。皇陵工程进展得很顺利，始皇七月死，九月便下葬。始皇陵于始皇三十七年（前210年）完工。

始皇下葬后，秦二世元年（前209）四月，二世下令复作阿房宫。同年七月，陈胜等反。二世二年（前208）冬，陈胜起义军西攻至戏水（水名，在今陕西临潼区东），二世大惊，少府章邯建议：“骊山徒多，请赦之，授兵以击之。”于是“二世乃大赦天下，使章邯将”[7]。这些骊山徒仓促成军之前，正在兴建的，是什么工程呢？他们兴建的不是始皇陵，始皇陵工程一年前已完工，更不是兵马俑工程，兵马俑工程早已完工。他们正在兴建的是二世下令复作的阿房宫。那为什么仍称他们为“骊山徒”呢？那是因为以往三十多年来，这批在骊山之北工作的劳工，都习惯称之为“骊山徒”，一时改不了口，而且实际上也没有改口称之为“阿房徒”的必要。

所以说，由于骊山徒被征调去对付陈胜等起义军，因而工程停顿下来的是阿房宫工程，并非秦俑工程。《史记》所说的“发北山石椁，乃写蜀荆地材皆至”[7]是阿房宫工程计划中的一部分。但因阿房宫工程开始不久便停顿，此计划从未真正实现。根据近来考古发掘的资料[8]也可以证实，阿房宫开工不久，做了些“先作前殿阿房”的准备工作后，便匆匆停顿，从未大兴土木。“蜀山兀，阿房出”[9]只是诗人的幻想，实际并无其事。

五、秦俑猜想

根据上述兴建秦俑工程的历史史实，和秦俑坑实际情境，我们仿照数学上的猜想立论，对秦俑的性质、兵俑数目和秦军编制提出了一个秦俑猜想，这个猜想包括下列三点：（一）秦俑大军是一支远征军；（二）每一兵俑，代表一百个同类秦军士兵，兵俑总数约为一万个；（三）秦远征军，最晚在秦昭王时代，已建立了此类阵前编队。尽管每次作战，秦军规模大小都可能不一样，但其相同军种人数的比例，都是约略相同的。

如上所述，兵马俑二号坑中，所得的兵俑数目较为可靠，现知各特种部队的兵俑数为：骑兵队一百二十个，战车队一百九十二个，车步骑队三百四十一个，弩兵队三百三十二个，特种部队全体兵俑总数为九百八十五个[1]。据此，再根据上面的秦俑猜想，我们便可算出秦军特种部队各军种占全军总人数的比例：骑兵队占百分之一、战车队占百分之二、车步骑队占百分之三、弩兵队占百分之三。二号坑特种部队全体兵员人数约占全军总人数的百分之十。

［参考资料］

1. 袁仲一：《秦始皇陵考古发现与研究》，陕西人民出版社，2002 年。

2. 袁仲一：《秦俑发现三十五周年讲话年》，《秦俑研究回顾》，2008。

3. 司马迁：《史记·秦本纪》。

4. 司马迁：《史记·吕不韦列传》。

5. 一号坑第三次发掘报导，根据《青年周末》记者专访袁仲一先生，新华社 2009 年 6 月 15 日。

6. 老子：《道德经·第三十一章》。

7. 司马迁：《史记·秦始皇本纪》。

8. 李毓芳：《西安市阿房宫遗址的考古新发现》，《考古》2004 年，4 期。

9. 杜牧：《阿房宫赋》。

第八篇　秦俑战术分析

［提要］秦俑各兵种有何不同任务？战国四大名将各有何种特点？长平之战，赵军犯了哪条兵家大忌？何谓正？何谓奇？何谓轻兵？秦军为什么不戴头盔？长平之战刚开战时，秦军有多少人马？赵军为何不突围？为何秦军要增兵？秦军何种兵器是赵军胡服骑射的克星？

秦俑军阵是秦军将领循兵法理论，结合经验实践，集思广益，精心设计而成。秦军开战前的阵列虽可能因时因地而略有变化，但最晚到秦昭襄王时代，现在所见的秦俑军阵，应已是秦军战斗前的标准阵列形式了。但战场上形势千变万化，军阵的指挥操作不是一成不变的。孙子曰："兵无常势，水无常形，能因敌变化而取胜者，谓之神"，又曰"善出奇者，无穷如天地，不竭如江河"[1]。所以一旦开战，先出右军还是左军（见图二，插图篇，A2），谁守谁攻，前锋、左翼、右翼、后卫如何与主队配合，如何随机应变，都视情况而定。

但是特种部队（见图三，插图篇，A3）中的弩兵队与骑兵队和车步骑队出阵的先后次序，却是不变的。特种部队中，除战车队视情况可随时出阵杀敌外，其余三队，第一个出阵的，必然是弩兵队，弩兵队出阵后，骑兵队和车步骑队才可出阵，本书将在其他篇章中再讨论这个问题。秦俑军阵虽设计巧妙，但也要有一个高明的主帅领军，才能巧妙配合，杀敌取胜。今以秦军的经典战役，白起长平之战为例，一窥白起战术与秦俑军阵之妙。

战国时代，烽烟四起，名将辈出，战国四大名将，秦赵各占其半，白起、廉颇，王翦、李牧，都是棋逢敌手，将遇良材，如果不是秦国擅于用间，两强相遇，鹿死谁手，实在难以预料。

四大名将之中，以廉颇性情最为率真，留下不少故事。大家熟知的负荆请罪就是其中之一。廉颇认为自己有攻城野战之功，才得上卿之位；而蔺相如竟因完璧归赵、渑池击瓯等口舌之劳，而位在自己之上，因而愤愤不平，发誓"我见相如，必辱之"。后来得知蔺相如"以先国家之急，而后私雠"，处处都让着他，廉颇大受感动，马上肉袒负荆，上门谢罪，两人从此成为刎颈之交[2]。

廉颇身子壮实，历事赵惠文王、赵孝成王、赵倬襄王三代赵王。后来廉颇渐老，倬襄王以乐乘取代廉颇，廉颇率直任性，竟因而攻打乐乘，乐乘走，廉颇自知理亏，逃到魏国，不敢回家。岁月无情，廉颇已老，名将白头，蔺相如亦已离开人世，故友凋零，廉颇孤身一人，独处异国，难免兴故国之思。当时赵王手下无大将，亦想重用廉颇，于是赵王派使者前来面试廉颇。廉颇得见使者，大喜，当场就在使者跟前"为之一饭斗米，肉十斤，被甲上马，以示尚可用"[2]。廉颇为人率直，在朝中定然得罪了不少大臣，使者被廉颇仇人郭开收买，回报赵王："廉将军虽老，尚善饭，然与臣坐，顷之三遗矢矣。"[2]谁会愿意去用一个饭桶？廉颇最后只得终老异邦。

白起则理性而冷酷，用兵如神，百战百胜，是四大名将之首。细看杀气腾腾的秦俑大军，隐约之中，但觉阵内暗藏白起军魂，秦俑军阵之中，必然存有白起的谋略。白起是秦国郿（今陕西眉县）人，一路因军功升迁，由昭王十三年（前294）的左庶长，历经左更、国尉、大良造等爵级，到昭王二十九年（前278），被封为武安君，是一个战无不胜，攻无不克的常胜将军。昭王四十三年（前264），白起大举攻韩，连战皆捷；四十三年拔陉城（今山西曲沃）；四十四年绝太行道；"四十五年，伐韩之野王

(今河南沁阳市)。野王降秦，上党（今山西长治）道绝”[3]。

上党是一块四周环山的高地，原是晋国故土，三家分晋时，上党除东部小部分为赵所有外，其余大部分为韩所得。上党高地西望咸阳，东指邯郸，是兵家必争之地。昭王四十三年，白起拔陉城，绝太行，降野王，上党与韩交通因而断绝，成为秦国囊中之物。上党郡守冯亭与父老百姓商量：“郑道已绝，韩必不可得为民。秦兵日进，韩不能应，不如以上党归赵。赵若受我，秦怒必攻赵，赵被兵，必亲韩，韩赵为一，则可以当秦。”[3]于是上党之民归顺赵王，上党高地全入赵国之手。

昭王四十七年（前260），秦将王龁攻上党，上党百姓东逃入赵，赵派大将廉颇陈兵长平（今山西高平），实行保境安民之责。由是秦赵两军相遇于长平，双方构筑垒壁工事，相持不下。秦军勇猛，三个月内，赵军连番受挫；于是廉颇改变战术，坚壁不出。秦军气势正盛，廉颇依兵法“锐卒勿攻”的用兵之道，认定只要坚守不出，秦军远道而来，久之必然“钝兵挫锐，屈力殚货”，不战而退。

孙子曰：“凡兴师十万，出征千里，百姓之费，公家之奉，日费千金；内外骚动，怠于道路，不得操作者七十万家。”[1]战争是经济实力之战，与敌军“相守数年，以待一日之胜”必然损国扰民，大耗国力。所以兵法说“兵闻拙速，未闻巧之久也”。既然“兵贵胜，不贵久”，那么怎样才能胜呢？兵法云：“明君贤将，所以动而胜人，成功而出于众者，先知也。”所谓“先知”就是要首先获得敌方的情报。秦国在这方面成就非凡，战事尚未开启，秦对赵国各方情势，早已了如指掌。

秦国见廉颇坚壁不出，为了速战速决，打破持久消耗僵局，当务之急就是要除去廉颇，于是秦国决定用间。《孙子兵法·用间篇》：“用间有五：有因间，有内间，有反间，有死间，有生间。五间俱起，莫知其道，是谓神纪。”秦国分析各方情报，利用赵王急于求胜的心理，开始在赵国散播谣言：“秦之所恶，独畏马服子赵括将耳，廉颇易与，且降矣。”[2]秦军希望赵军以赵括取代廉颇，此时秦国必然已探知赵括妄自尊大，只会空言兵法，难成大事，所以才散播这个有针对性的谣言。秦国这次用间，应该是同时还进行了其他用间活动，互相配合，五间俱起，达到了使赵王以赵括取代廉颇的目的。

赵孝成王见廉颇久战不胜，反而吃了几场败仗，心中本已不悦，如今又见他坚壁不战，开始怀疑他畏战，有降秦之嫌，接着又听闻各种谣言，听多了便信以为真，于是决定改派赵括为将。赵括是赵奢之子。赵惠文王时，赵奢大败秦军于阏与（今山西和顺县），得赐号马服君，他与廉颇、蔺相如同处高位。赵括少学兵法，谈起兵法，头头是道，连他父亲赵奢都难不倒他，但赵奢总觉得有点不对。赵括母亲问他缘故，赵奢说：“兵，死地也，而括易言之。

使赵不将括即已，若必将之，破赵军者必括也。”[2]《孙子兵法》开宗明义即说：“兵者，国之大事，死生之地，存亡之道，不可不察也。”赵括大言不惭，把兵法死生大事当成儿戏，赵奢如何能不担心！

赵孝成王知赵括家学渊源，又闻他精通兵法，胜过其父赵奢，加上误信各种谣言，便决定派他为将。病中的蔺相如闻讯急忙劝赵王：“王以名使括，若胶柱而鼓瑟耳。括徒能读其父书传，不知合变也。”赵王不听。赵王用赵括为将，实在也是出于无奈，当时重臣蔺相如病重，赵王六神无主，而赵奢已死，赵国武将只有老将廉颇一人。赵王既对廉颇起疑，秦国认定赵王必任用新人，便利用各种影响力和谣言，促使赵王改用赵括为将。赵王缺乏正确情报，又不听劝告，误信谣言，实属不智。与赵王相反，秦昭襄王和秦相范雎对赵国的政局和弱点知道得一清二楚。兵法云：“知彼知己，百战不殆；不知彼而知己，一胜一负；不知彼不知己，每战必殆。”[1]此战未开，胜负之局已明。

赵括的母亲得知她的儿子被任命为大将后，心知不妙，立即上书赵王，明言：“括不可使将。”赵王问她原因，括母很有见识，她不懂兵法，不便以当年赵奢告诉她的话作答，而另有主见。她认为赵括不能做大将的理由是：“始妾事其父，时为将，身所奉饭饮而进食者以十数，所友者以百数，大王及宗室所赏赐，尽以予军吏士大夫，受命之日，不问家事。今括一旦为将，东向而朝，军吏无敢仰视之者。

王所赐金帛，归藏于家，而日视便利田宅，可买者买之。王以为何如其父？父子异心，愿王勿遣。”[2]赵括目空一切，对部下无恩，爱财如命，每天做些房地产投机生意，性情和他父亲相反，如何能当大将？括母说得有理，无奈赵王心意已决，终于以赵括取代廉颇，任命他担起抗秦大将的重任。

秦王见赵王中计，马上暗派常胜将军，武安君白起，为上将军，王龁改任尉裨将，下令全军保密，“令军中有敢泄武安君将者斩”[3]。赵括到任后，“悉更约束，易置军吏”。白起知悉后，料定赵括必改守为攻，于是定下奇兵妙计，立意一举大败赵军。白起有什么奇兵妙计呢？

《史记·白起王翦列传》：“秦军佯败而走，张二奇兵以劫之。赵军遂胜，追造秦壁，壁坚拒不得入。而秦奇兵二万五千人绝赵军后。又一军五千骑绝赵壁间。赵军分而为二，粮道绝。而秦出轻兵击之，赵战不利，因筑壁坚守，以待救至。”

白起的妙计是一个以奇兵取胜的战术。兵法云：“凡战者，以正合，以奇胜。”我们可由兵马俑阵势，略窥此役奇正之妙。此处“正”指主力部队（一号坑，右军），“奇”指特种部队（二号坑，左军）（见图二及图三，插图篇，A2、A3）。白起料定赵括目中无人，必然会改变廉颇策略，出兵来攻。于是佯作不知，就如往日一般，派出一支秦军前来叫阵。同时下令主力部队在垒壁内加强防护。左军特种部队中的弩兵队首先出阵，在正面及两翼摆下弩兵阵，静候赵军来攻。

赵括见秦军前来叫阵，马上领军倾巢而出，秦军略加抵抗，便佯败后退，赵军追敌，直抵秦壁。此时秦军已另外派出二万五千人的奇兵，迂回包抄，斩断赵军后路。秦军这一支二万五千人的奇兵是一支什么样的队伍呢？为了完成斩断赵军后路的任务，这支奇兵必须要行动迅速，而且需要有足够的兵力围堵赵军后路，配合其他兵种，包围赵军。细察兵马俑左军特种部队，这个任务非由战车队和车步骑队共同执行不可。首先要由行动快速的战车队斩断赵军后路，此时弩兵队早已出阵，车步骑队可以紧接着，跟随战车队出击。兵员充足的车步骑队，可以填补战车队人员不足的缺口，完成包围圈。

赵军抵达秦壁，秦军主力坚守垒壁，弩兵阵轮番射击，箭下如雨。赵军无法攻入，正想后撤，却发现后路已被秦军截断。白起同时又派五千骑兵，断绝通往赵壁垒的道路，于是赵军被一分为二，连粮道都被斩断。赵军身陷险境，军心大乱，秦军乘机派出“轻兵”突击。

什么是轻兵？轻兵就是排在兵马俑主力部队前端的轻装士兵。这些“入军不被甲兵”（老子语）的轻装士兵可能就是荀子所说的“锐士”。荀子曾考察各国军事，对秦军知之甚详，他说：“齐之技击不可以遇魏氏之武卒，魏氏之武卒不可以遇秦之锐士。”[4]

秦人本来就尚武善战，自商鞅变法，重赏战功后，秦军作战更是奋不顾身。《史记》：“（秦军）虎贲之士跣跔科头，贯颐奋戟者，至不可胜计。”[5]会战时，六国军队都披甲蒙胄，唯独秦军“捐甲徒裼以趋敌，左挈人头，右挟生虏”。秦军艺高人胆大，认为戴了头盔难以眼观四面，耳听八方，无法发挥最佳战斗力，所以都科头免胄，不戴头盔，甚至赤膊上阵。那些轻装锐士正是如此，他们不披兵甲，轻装冲入赵军阵中，长短兵器，合击搏杀。“秦卒与山东之卒，犹孟贲之与怯夫；以重力相压，犹乌获之与婴儿。”[5]赵卒实在不是那些轻兵锐士的对手。

赵军前进不得，后撤不能，身陷险境，又打不过秦军的轻装锐士突击队，赵括只好下令就地构筑防御工事，等待救兵。赵军会有救兵吗？赵军能突围而出吗？

根据本书秦俑猜想[6]，秦远征军中，骑兵占全军的百分之一、战车兵占百分之二、车步骑兵占百分之三、弩兵占百分之三。今知白起长平大军中，骑兵为五千人，根据秦俑猜想应占全军人数百分之一，可知长平秦军的总人数应为五十万。而战车兵加车步骑兵的人数，根据秦俑猜想应占全军（五十万）人数的百分之五，也就是二万五千人。这正好是秦军第一支奇兵的人数，这也合乎上述关于这支奇兵性质的推断。这一验算结果，也验证了秦俑猜想[6]的正确性。

就在赵军构筑防御工事、等待援兵之际，秦军右军已配合左军，加强包围圈。秦军以全体五十万人的兵力，包围四十万赵军，按兵法“十则围之”的原则，此时秦军整体兵力显然不足，如果赵军在包围圈外有足够的援兵对付秦军的五千骑兵，再内外合击，瓦解秦军包围圈，赵军即可得救。可惜赵国为了对付秦军，已精锐尽出，再也没有多余的兵力可以调动了。

但即使没有外援，此时秦军兵力不足，赵括如能集中兵力，全力攻击秦军包围圈的一个薄弱点，赵军还是有突围的机会。兵法云：“围师必阙，穷寇勿迫”，遇到狗急跳墙的穷寇，白起很可能会为求速战速决，解除僵局，让赵军残余突围而去，以免因兵力不足，人马疲惫，与困兽相斗，造成秦军无谓的损失。只是赵括已被秦军的弩兵劲弩，和轻装锐士吓坏了，只知筑壁死守，以待救援，不敢突围，以致坐失良机！

但此时秦昭王却看准时机，立意赶尽杀绝，除去心腹大患。他知道秦军兵力不足以全歼赵军，遂大量增兵，《史记》：“秦王闻赵食道绝，王自之河内，赐民爵各一级，发年十五以上悉诣长平，遮绝赵救及粮食。”[3] 连十五岁的少年都被征召入伍，加强包围圈，可见秦军增兵不少。赵军缺粮四十六日，军中发生暗相杀食的事件，赵括这时才组队突围，可惜为时已晚，秦军增援围堵之势已成。疲惫饥饿的赵军冲杀数次，均以失败告终，纸上谈兵的赵括被射杀身亡，余下四十万降秦赵军，除二百四十个少年外，全体皆被白起坑杀。战争残酷，长平一战，赵军中的少年兵当不止二百四十之数，而秦军中的少年兵当更多。细察秦俑大军，其中确实有少年兵！

长平之战中，秦弩发挥了极大的威力，强弓劲弩是对付赵军胡服骑射的利器。按秦俑猜想[6]计算，秦军特种兵中弩兵队的比例为全军五十万人的百分之三（见图五，插图篇，A5），是则长平秦军弩兵队有一万五千人，足够做正面及两翼包抄布防之用。

赵国军力本与秦国不相上下，长平一役，赵军前后一共损失了四十五万兵力，从此元气大伤，再也无力与秦逐鹿天下了。

［参考资料］

1. 孙武：《孙子兵法》。

2. 司马迁：《史记·廉颇蔺相如列传》。

3. 司马迁：《史记·白起王翦列传》。

4. 荀卿：《荀子·议兵》。

5. 司马迁：《史记·张仪列传》。

6. 本书第七篇：《秦俑工程分析》。

第九篇　试解秦俑主帅之谜

［提要］秦始皇兵马俑中，为什么不见大军主帅的俑像？秦俑大军必有主帅，而且主帅必坐镇军中。那么秦俑大军的主帅是谁？为什么是他？为什么他的俑像不见了？项羽为什么没有发掘始皇陵地宫？秦始皇兵马俑为什么史上没有记载？

秦始皇兵马俑大军（见图二，插图篇，A2）之中，不见三军主帅[1]，原因何在，至今尚无定论。论者对此有三种不同的说法：（一）这是秦王的军队，秦陵地宫内的秦始皇就是兵马俑大军的主帅；（二）秦王当时尚未指派大军主帅；（三）三号坑之西，有一贵族大墓，大墓墓主就是主帅。这三种说法，都很难令人信服。

秦俑大军虽是秦王的军队，但他身在地宫之内，无论如何，这支军队必须要有一个坐镇军中的指挥官，战场上千变万化，不是身处深宫之中的秦王政所能及时调度指挥的。秦王很能遵守孙子兵法中，“将能而君不御者胜”的知胜之道；在并吞六国诸战役中，他从来不干预手下大将的战术谋略，当然更不可能躲在深宫之中遥控大军了。始皇生前既从未领军亲征，死后又怎会去做主帅？

再看那大军的阵势。车已套马，箭已上弦，全体战士手执兵器，剑拔弩张。二号坑中，骑兵牵马持弩，弩兵或蹲或立，排列成阵，车士肃立车旁，严阵以待。一号坑兵俑大军四周，布下左翼、右翼、前锋、后卫的战斗队形，准备随时与敌军短兵相接。显然，这支大军正在等待出击命令，大战随时一触即发。如果此时还没有指定主帅，这个仗还能打吗？

至于说主帅躲在后方大墓之中，更是有悖情理。那大墓墓主即使是主帅，大墓也只不过是他休养生息的家园，不是他发号施令的军幕。要能制敌制胜，全军上下一心，主帅必须要身在军中，与部下同甘共苦，绝不能躲在家中，儿女情长。秦俑主帅指挥的是一支纪律严明的虎狼之师，不是一支由散兵游勇组成的乌合之众。

如此看来，秦俑大军之中，必有主帅。问题是，主帅是谁？他身在何处？

兵马俑是秦王百万大军的缩影。各个俑像塑制得细致入微，逼真异常。所有俑像都是按照当时秦军将士的原型来塑制的。阶级越高的俑像，形象越是逼真。

秦王知人善任，重赏严罚，手下名将如云。他会选择谁来担任兵马俑大军的主帅呢？根据嬴政的性情来推测，秦俑主帅的人选得要符合三个条件：资历深、战功高、可信任。从秦王亲政（前238）起，到一统天下（前221），这十多年间，他手下诸多名将中，以王翦、蒙武二人资历最深。王蒙二家，祖孙三代，俱为秦将。但论战功，则无人能及王翦。更重要的是，王翦深谋远虑，熟知始皇性情，又能深藏不露，大智若愚，最得秦王信任。可以说，秦俑主帅，当以王翦的可能性为最大。我们分析一下王翦所主持的三大战役[2]，便可看出其中因由。

（一）破赵雪恨。始皇十一年（前236），秦王政任命王翦为主帅，发兵攻赵。王翦兵分两路，连下九城，赵悼襄王忧愤而亡。赵国急忙调回镇守北方的名将李牧，抗拒秦军。李牧善守能攻，秦军无法逾越雷池一步。

秦王政发兵攻赵，除了战略上的考虑外，应还有为报私仇家恨的目的。赵都邯郸是秦王出生之地。当年他与父亲子楚在赵同为人质，秦赵相争，他们一家便生活在惊涛骇浪之中。嬴政三岁那年，秦军攻赵，赵欲杀子楚，子楚行金六百斤予守者吏，得以逃脱归国；但嬴政和母亲却在邯郸东躲西藏，虽勉强保全了性命，但已吃尽了苦头。童年的不幸，在秦王心中，定然产生了极大的阴影。如今嬴政羽翼已丰，发兵攻赵，志在必得。

始皇十八年（前229），秦王政再度命王翦攻赵，秦国用反间计杀了李牧，王翦很快便攻陷邯郸，生擒赵王，赵国亡。秦王闻讯大喜，亲赴邯郸，尽杀昔日仇家。秦王得以灭赵，报了家仇国恨，王翦功居第一。

（二）征燕报仇。灭赵后，秦军气势如虹，直逼燕境。早年，燕太子丹在秦为人质时，受到冷遇，怀恨在心，逃回燕国后，誓言报复。如今太子眼见秦军压境，自是惶恐万分，急谋对策。太子丹其人，志大才疏，目光短浅，不愿采纳鞠武从长计议之言，为求急功近利，决定行险刺杀秦王，却又在刺客荆轲尚未觅得合适副手之际，催他仓促上路，以致功败垂成。

荆轲虽谋刺不成，但已令秦王断袖奔逃，狼狈不堪。秦王大怒，下令王翦立刻攻燕。王翦一举攻下燕都，又派大将李信穷追燕王，取得太子丹首级，解了嬴政心头大恨。

（三）灭楚平南。征燕一役，青年将军李信追杀燕军，取得太子首级，秦王誉之为年少贤勇，打算任命他为征楚主帅，问他灭楚需要多少兵力。李信年轻气盛，认为不过二十万人足矣。秦王又问王翦，王翦说，非六十万人不可。秦王衡量二人，觉得李信果然年少勇猛，锐不可当，正可一鼓作气，灭楚平天下；反之，王翦畏首畏尾，气势已衰。

便说："王将军老矣，何怯也！李将军果势壮勇，其言是也。"王翦于是告老还乡。

王翦告老还乡之举，显然是经过深思熟虑的。当时楚有名将项燕，项燕家学渊源，能征惯战。王翦深知，对付项燕楚军，如不尽出秦军精锐，只怕一时难以取胜。当时秦国虽号称拥有百万雄师，但真正精锐善战的，应该也不过六十万人左右。如果他和儿子王贲二人统领六十万精锐大军，手握全国兵权，秦王心中必有所猜忌。多年来，王翦参与秦王机密，深知秦王生性多疑，心狠手辣，如今秦王说他年老胆怯，他正好急流勇退，告老还乡，颐养天年。

于是秦王任用李信为攻楚主帅。项燕见李信来攻，定下诱敌深入之计，大败秦军。秦王深悔不听王翦之言，亲自下乡向王翦谢罪，请王翦无论如何都要出任征楚主帅，同时又答应给他六十万的军力。

王翦大军出征之日，秦王亲自到灞上（今陕西西安市东）送行。王翦见此情境，心中暗自警惕。尉缭曾说："秦王为人……少恩而虎狼心，居约易出人下，得志亦轻食人。"[3]王翦老谋深算，知道其中利害，于是他乘机一再向秦王要田地房宅。秦王大奇，问他缘故。王翦表示，无非是想留些田宅园池给子孙后代罢了。秦王见他求田问舍，心无大志，不觉哈哈大笑，乐不可支。

大军到达前线后，王翦下令全军休养生息，坚壁不战。王翦每日与将士同饮食、共甘苦，士卒投石练武，完全不理会楚军的挑战。

锐气正盛的楚军一再挑战，却不见秦军回应，楚军锐气渐减，项燕觉得不宜久留，于是引兵东归。王翦见楚军退兵，即时下令全军倾巢而出，以雷霆万钧压倒性的优势，大败楚军。项燕在乱军中自杀身亡。此后王翦又定百越，其子王贲等灭燕、代、齐。秦王终于统一天下。

王翦战绩辉煌，无人能及。更重要的是，在始皇心目中，王翦绝对忠诚可信，全无可疑。秦陵是始皇长眠之所，卧榻之侧，除了他所信任的王翦外，又会让何人领军百万，虎立一旁？因此，可以说，秦俑主帅，非王翦莫属。王翦战功彪炳而且人际关系良好，行事知所进退。他晚年处境如何，史无明载，但他的儿孙都得到始皇的重用，可知他晚年必得善终，是战国四大名将中，唯一晚年得以好境收场的大将。

兵马俑大军，除主帅外，应还有副帅，左右军领军大将等高级将领。这些高级将领可能由蒙武（副帅）、王贲（统右军）、李信（统左军）等人担任。那么，为什么今日所见的兵马俑大军中，不见任何高级将领俑（以下称大将俑）呢？这得要探讨一下，秦末项羽领军入咸阳后所发生的那场兵燹。

《史记》在《秦始皇本纪》《高祖本纪》，以及《项羽本纪》中，都记载着项羽入咸阳后烧秦宫室、收其珍宝妇女等暴行。当时的咸阳是全国首富之区，始皇统一天下后，曾“徙天下富豪于咸阳十二万户”[3]。楚军在咸阳掠夺的对象，除始皇宫室外，一定还包括当时在咸阳的巨富豪门。在楚军眼中，咸阳简直是满城珍宝。

《史记》记载了汉王与项羽在广武（今河南荥阳县）之间的对话[4]，尽显二人性格上的差异。项羽勇冠三军，性情暴躁；刘邦虽举止粗野，实则心机深沉。那时楚汉相争，久持不下，以致“丁壮苦军旅，老弱罢转饷”[4]。项羽认为楚汉相争是他们两人之间的事，何必苦了他人。于是向汉王提出了独身挑战。汉王有自知之明，若论单打独斗，他自知绝非西楚霸王的对手，所以他说：“吾宁斗智，不能斗力。”[5]如何斗智？首先他要表示自己师出有名，不是为了个人恩怨，于是汉王列举了项羽十大罪状，名正言顺，拒绝了项羽的独身挑战。这十大罪状的指控，应是出于汉王谋士之手，其中或有夸大之处，但应当都是有所本的，不至于全是空穴来风。值得注意的是，十大罪状中的第四条：“项羽烧秦宫室，掘始皇帝冢，私收其财物。”[4]

掘始皇帝冢？始皇帝冢当是指埋葬始皇的地下构筑，包括秦陵地宫和陪葬坑。按当时的状况去推测，项羽所挖掘打开的只是陪葬坑，并未真正挖掘进入秦陵地宫之中。此中原因，不是项羽不想挖掘秦陵地宫，而是工程过于浩大，楚军浅尝即止。当年建筑地宫的劳工已被秦二世灭口，楚军无人指引，面对有如一座大山的始皇陵，根本不知从何处下手。而且始皇虽死，余威犹在，传说中地宫内暗弩机关重重，楚军心存畏忌，自是不敢轻举妄动。

更重要的是，楚军在咸阳停留的时间过于短暂，咸阳地面上的财物、美人、宝马已经够他们忙的了，哪里还有时间去组织团队，挖掘地宫。据《史记》记载，项王屠咸阳后，“见秦宫室皆以烧残破，又心怀思，欲东归”，他认为“富贵不归故乡，如衣绣夜行”[5]，于是便匆匆引兵归去。楚军也许以为日后还有机会再来。他们哪里知道，就此一别，此后再也没有机会重回咸阳，去掘那深藏地下的秦宫地府了。

与地宫相比，挖掘陪葬坑要容易得多。楚军甚至可能找到当年挖掘陪葬坑的劳工带路指认。楚军一旦得知陪葬坑的位置后，要进入坑中也非难事，可以直接从坑顶挖洞进入，不必一定要找到坑道的入口。在挖掘过程中，更不必担心会遇到暗弩机关或铜墙铁壁。楚军当年可能认为这些陪葬坑中藏有财宝，所以就在可能有陪葬坑的地点，每隔适当距离试掘一个探察洞口。在所有陪葬坑中，以兵马俑坑的面积最大，最容易找到。兵马俑三坑（见图二，插图篇，A2）中，又以一号坑面积最大，楚军在坑顶所挖的洞口也最多；二号坑面积较小，坑顶所挖的洞口也较少；三号坑面积最小，可能只挖了一个得以进入坑内的洞口。

楚人视秦为世仇，早就有“楚虽三户，亡秦必楚”[5]的誓言。楚军士兵之中，很多人都曾身受始皇暴政之害。楚军由洞口进入兵马俑坑后，发现这竟是一支秦俑大军，他们马上就把满腔的仇恨发泄到这支地下大军身上，把秦俑大军视为真正的秦军来对付，打杀兵俑，抢夺兵器。楚军疯狂发泄一阵后，见一、二号坑中并无珍宝财物，而兵俑却有成千上万之多，砸不胜砸，士兵们心中惦念着咸阳城内的无数财宝，也就不愿久留，火烧“残敌”后，便呼啸而去。

楚军发现一、二号坑后，军中有经验的将士，按照秦军军旅建制来推断，已看出秦俑大军的布局，再在当年建坑劳工的指引下，很快便找到了军幕（三号坑）。如前所说，秦俑大军是一支正在听命待发，随时准备出击的军队。此时，所有高级大将，包括王翦，都在军幕之中研判军情。楚军进入军幕后，按照突击敌军军幕的战术行动，首先砍杀军幕卫士，把卫士俑或砸成粉碎，或带走首级报功；接着生擒所有大将押回楚营。三号坑比一、二号坑小得多，俑像数目也少，楚军可以在短时间内，把坑内全部俑像砸成粉碎，砍首或押走。军幕内既已无“活口”，也就不再放火，就此匆匆离去。即使楚军曾在三号坑内纵火，恐怕也不易燃烧，三号坑所挖入口可能只有一个，由于通风不良，再经楚军带着火把入内一轮打砸，坑内氧气已不足，火势很快就会自动熄灭。

那些押回楚营的大将俑，个个塑得栩栩如生，楚军中早已有人认出，那威仪十足、身佩最高军阶的主帅，正是楚国世仇王翦。项羽听说那就是杀祖灭国仇人，悲愤交加，立时下令把所有大将俑砸成粉碎。

由现存兵马俑坑遗迹判断，袁仲一先生所提项羽楚军火焚兵马俑坑之说[6]极为可信。楚军在一号坑顶所挖的洞最多，通风情况最佳，因而火焚情形最为严重。二号坑洞口较少，焚烧不如一号坑严重。三号坑未见火焚痕迹，但卫士俑砸成粉碎或遭砍首，大将俑则全部失踪。这就是今日我们所见，兵马俑坑经楚军破坏后，所遗留下来的残迹。

史书上对秦始皇兵马俑坑全无记载。事实上，史书上对秦始皇所有陪葬坑全都没有记载，甚至对秦陵地宫，在《史记》中也只有不到七十个字的描述。在秦汉人看来，秦始皇陪葬坑只是始皇帝陵墓中极小的一部分，楚军破坏了一些陪葬坑，和当时血肉横飞的杀戮，以及尔虞我诈的谋略相比，实在微不足道，不值一提。那时战乱纷纷，各种惊人事件层出不穷，高潮迭起，大家对挖陪葬坑等小事，实在无暇注意，顶多只记得楚军曾挖过一些陪葬坑。这一个没有详细记录的“挖陪葬坑”事件，便被刘邦夸大为“掘始皇帝冢”，以讹传讹后，更被后人误传为“掘始皇地宫”。

太史公具绝世的才华、丰富的经历，又因家学渊源，得以博览群书，遍阅宫廷档案；但以他一人之力，在当时所处的条件之下，也只能记下重大而可信的史料，对项羽屠咸阳城，掘始皇冢的详情细节，实在无法一一调查记录。

秦俑大军有主帅吗？答案是肯定的，秦俑大军必有主帅，主帅必在军中，而且这个主帅就是王翦。只可惜，楚人一怒，那主帅俑，在顷刻之间，已化为尘土。

[参考资料]

1. 袁仲一:《秦始皇陵考古发现与研究》，陕西人民出版社，2002 年。

2. 司马迁:《史记·白起王翦列传》。

3. 司马迁:《史记·秦始皇本纪》。

4. 司马迁:《史记·高祖本纪》。

5. 司马迁:《史记·项羽本纪》。

6. 袁仲一:《秦俑坑的修建和焚毁》，《秦俑馆开馆三年文集》，1982 年。

第十篇　先秦长短兵器考

［提要］秦剑有何特色？秦剑用何种技术防锈？除剑外，还发现有哪些先秦短兵器？秦军的车之四兵，与春秋时代的车之五兵相比，有何差异？何谓戟？戟一定有矛头吗？何谓钺？夫差矛是矛吗？何谓殳？殳就是一根无刃长棒吗？

本文主要在研究先秦春秋战国时代已出土的长短兵器，目的在探讨其源流、演变和功用。研究的项目分为短兵器、锋利长兵器、无刃长兵器三类。

一、短兵器

殷商以后，先秦时期的兵器主要用青铜制造。当时铁的锻炼技术尚未成熟，其强度和韧性都不理想，同时又易于腐蚀生锈，不适合制造兵器。秦俑兵器虽有少量（如箭镞等）用铁制造，但大多数兵器还是用青铜制造。秦人的铁多用于制造农具和刑具等较粗糙的器具。

春秋战国时代，吴越青铜剑名满天下。传说中，干将、莫邪、欧冶子等铸剑名师，曾为吴越王铸造多把名剑，全是无价之宝。以1965年，在楚国故土湖北江陵出土的越王勾践剑（现藏湖北省博物馆）为例，此剑剑身以复合技术铸造，剑刃含锡量较剑脊高，因而剑刃锋利，剑身柔韧，全剑刚柔相济。

其后，其他各军事大国的铸剑技术也都得到很大的进展，名家辈出，如赵国的徐夫人便是战国末年的铸剑名师。而秦始皇兵马俑出土的秦剑更是工艺惊人。勾践剑和秦俑剑成分相近，根据《考工记》[1]所记的合金成分分类，勾践剑青铜属斧斤之齐（铜80%，锡及其他金属20%），秦俑剑青铜属戈戟之齐（铜75%，锡及其他金属25%）[2]。总之，两者同属兵器之齐。

秦剑最大的特征是剑身特长。早期的青铜剑都很短，如西周时代的剑，长度多不超过四十厘米。到了春秋时代，剑长大抵都在六十厘米以下。战国时代，一般剑也不过七十厘米左右。但秦剑长度竟超过九十厘米。秦剑不但长，而且狭。越王勾践剑长 55.7 厘米，剑身平均宽度约为 5 厘米；秦剑虽长达 90 厘米，但剑身平均宽度却只有 3.5 厘米左右[2]。长且狭的剑身可增加威力，且便于操作。勾践剑和秦俑剑可作为春秋和战国两代青铜剑的代表。

与勾践剑相比，秦剑既长且狭，那会不会降低了剑身的强度呢？那要看设计是否适当，工艺是否精良而定。秦剑剑身有特殊的设计，可增加其强度。勾践剑剑身截面呈四边棱形，秦剑剑身截面则呈八边棱形。在截面积相同条件下，八边棱形在各方向的转动惯量[3]高于四边棱形，因此，八边棱形截面的剑身，有较高的砍刺强度，较不易崩缺断裂。但为了要达到预期的效果，这剑身八面的精密度要求颇高，不容易打磨制造，但秦人技师却以高超的技艺，使这八个面达到了要求的精密度。勾践剑和秦剑的剑身，在剑锋后都有略为收束变窄的设计，此一设计，利用力学斜面原理，可加大剑身的穿刺杀伤力。先秦兵器的设计，都有合乎科学的理论根据。

秦剑传承了不少吴越剑的理念，秦人很可能是经楚而获得吴越剑的铸造技术。楚与吴越为邻，关系密切，勾践剑上“越王勾践，自作用剑”八字铭文，用的就是源于楚地的鸟虫书。吴越名剑大都出土于昔日楚地，这是楚人酷爱吴越宝剑的结果。楚人以交易买卖，或战争掠夺等手段，获得大批吴越名剑。由于经商及战乱等原因，楚灭越（前333）前后，定然有大批宝剑和工匠流入楚地。秦楚交往频繁，秦始皇的高祖母宣太后、嫡祖母华阳太后都是楚人，秦剑的铸造技术，必然受到吴越剑的影响。秦人善于海纳百川，在政治上、军事上，和科技上，都能广纳各国人才。铸剑技术也是如此，秦人大抵以其本有的技术，参考吴越各国的铸剑技巧，再按照秦军的要求，制造出独特的秦剑。

青铜的防腐锈的能力较铁强。勾践剑和秦剑出土时，外形都保存良好，不见残缺，而且剑刃锋利异常。勾践剑不见锈迹，其原因可能是墓穴环境封闭，保护性佳的缘故，但历经了两千多年，还是难免与墓内某些气体产生化学反应，所以勾践剑表面呈暗黑色。兵马俑出土的秦俑剑，性能与吴越名剑相当，秦俑坑封闭性虽不佳，且受到人为的破坏，但秦俑剑色泽明亮，寒光闪闪，秦国铸剑师用的是什么防锈技术呢？

研究发现，秦俑剑有一层铬盐氧化薄膜保护[2]，所以历经两千多年，还是光亮如新。在西方，这是一种近代才发明的防锈技术。美国一直到第二次世界大战后，才开始研究应用这种技术[4]。两千多年前，中国的科技会如此先进吗？很多对中国历史文化一无所知，而且抱有成见的西方人氏，都不相信两千多年前，中国有这种技术。

事实上，秦人在两千多年前发明这种防锈技术，并不足为奇。秦人迷信方士炼丹之术，方士们为求长生不老之药，苦研炼丹之法，他们在尝试以各种矿石炼丹的过程中，炼出铬酸盐是极为可能之事。炼出来的铬酸盐溶液和方士们所使用的青铜工具（如法器、容器、搅拌棒等）接触，就会在青铜器表面上形成一层氧化薄膜，这层薄膜有很强的防锈能力。铸剑师炼剑和方士们炼丹，在技术上有很多相似之处（甚至可能一人同兼此二职），他们之间会有很多技术上的交流和学习的机会。秦国铸剑师把这种新发现，应用到秦剑上，是很顺理成章的事。这种技术也可能为当时其他六国所用。

方士们炼丹，很可能同时也会炼出其他化合物。例如秦俑彩绘中，有一种紫色硅酸铜钡（$BaCuSi_2O_6$）颜料。硅酸铜钡不存在于自然环境中，西方一直到 1980 年，才由人工合成这种化合物。秦俑身上这种鲜艳的颜料，很可能就是方士们在配方炼丹时偶然发明的。

秦代的化工生产技术可能达到这样高的水平吗？可能的。据《史记》记载，秦始皇陵“以水银为百川江河大海”[5]。模仿百川江河大海的水银用量一定不少，能生产如此大量的水银，其化工生产技术已有相当高的水平。何况铬酸盐防锈技术并不很复杂，不必高温高压，只要找到合适的铬酸盐矿石就可以了。事实上，秦代的科技水平相当高，秦人所建的水利工程，到现在还在发挥作用。

青铜剑有其不可避免的缺点，青铜的强度不高，而剑是双刃兵器，剑身截面有限，用来砍劈，会产生很大的应力，砍多几次便会折断。汉代以后，锻炼技术日渐进步，青铜剑在军队中渐被那适合于劈砍的环首钢刀所取代。汉代环首刀直而不弯，刀身外形与秦剑极为相似，但却是单刃，另一边是平厚的刀背，因而截面转动惯量较大，钢材的强度也较青铜高，所以不易折断。这里所说的钢材，是指当时用较先进的折叠锻打技术所炼出来的百炼钢。

秦剑上承吴越剑的铸制技术，下启汉代钢刀的创新发明，是青铜剑巅峰之作。此后剑仍以其优雅的外形和便于携带的优点为世人所喜爱。腰挂宝剑，更是身份不凡的象征。后世虽已用优质钢材制剑，剑的强度大增，但剑走轻灵，不使用大砍大劈招式的用剑原则一直保留至今。

兵马俑的短兵器，除剑以外，还有在一号坑出土两把似剑非剑、似刀非刀的弯钩[2]。此钩两侧有刃似剑，弧形弯曲似刀，可是末端却齐头无锋，既不像剑，也不像刀，为后世所未见。这可能就是传说中的“吴钩”（本文就把它称为吴钩）。吴钩据说产自吴地，秦人在引进吴越剑之际，同时引入吴钩，也是极有可能之事。

吴钩在一号坑野战队伍中发现，又是一种体形不大的短兵器，缺乏高雅威仪的气质形象，应不是仪仗兵器，而是一号坑野战步兵的实战兵器。此钩因钩身具有弯曲弧度的特殊设计，劈砍时，有曲度的钩身所受到的应力较笔直的剑身为低，较不易折断[6]。吴钩可用于劈砍或钩抹，但不能用于直刺。秦军可能利用其便于砍杀钩抹的特点，在近身合击搏斗中与剑矛配合，可发挥其特殊的功能。

因为吴钩不用于刺，所以它的钩身截面和线条的设计不必似剑的复杂和考究，制造也较为容易。吴钩由于需要特殊的运用技巧，其杀伤力也不见得比剑高，即使在先秦时期，可能也不是一种流行的兵器。后世有了可劈可刺的刀后，吴钩很快就被淘汰。

除秦俑坑外，曾侯乙墓[7]是另一个出土大量先秦兵器的古墓。此墓于1978年在湖北随州发现，墓室中积满地下水，因而众多文物得以保存。曾侯乙是战国初年曾（随）国的国君。东周时代，礼崩乐坏，曾国虽小，但曾侯乙墓中的礼器却豪华瑰丽，逾越小国诸侯的等级，其中最引人注意的是出土了大量兵器和乐器，曾侯乙应是一个尚武好乐之人。

曾侯乙墓东室主棺旁，出土了一把奇特的短兵器，此兵器上铭“曾侯乙之寝戈”字样。顾名思义，寝戈当是晚上睡眠时放在身旁，用以自卫之用的戈。根据出土的曾侯乙寝戈实物得知，寝戈是一把短小的戈，适用于近身搏斗之用。长戈在狭窄的寝室中不便于施展御敌，而当时的剑，一般都甚短，难以拒敌于三尺之外，曾侯乙用长短适中的寝戈御敌，可近可远，攻守灵活，达到近身防卫的目的。

《左传》中有寝戈的记载：“二人皆嬖，使执寝戈，而先后之。”[8]这一段话，说的是春秋时期齐国世卿庆舍宠信卢蒲癸、王何二人，让他们二人手执寝戈，担任他的近身侍卫。后来，庆舍乱伦失德，招致众人憎恨，于是卢蒲癸、王何联合栾、高、陈、鲍等大家族，利用庆舍参加秋祭时，二人有接近庆舍的机会，在祭典中刺杀庆舍。庆舍先被卢蒲癸刺伤，后又被王何以寝戈伤及左肩，但并未马上丧命，他还可以“援庙桷（攀着屋椽），动于甍（摇动屋脊），以俎壶投，杀人而后死。”[8]那时（前545）的屋宇不如后代的高大结实，庆舍在伤重急痛之下，还可以援桷动甍，投青铜祭壶杀人。

从这一记载中，我们对寝戈有了两点认识：（一）寝戈并非只用于寝室之内，王侯高官出行时，随从侍卫也可能手执寝戈，跟随身后，担任近身护卫；（二）只有高官出巡或参加大典时，手执寝戈的侍卫才有机会靠近他，其他时刻，侍卫不可能手持寝戈靠近高官，更不可能进入高官寝室之中行刺。如果庆舍晚间睡眠时，卢蒲癸、王何二人也可以进入庆舍寝室，那么，在寝室中行刺是轻而易举之事，他们也就不必在大庭广众之中，众目睽睽之下，趁大典中担任近身侍卫的机会刺杀庆舍了。在大典中行刺，易生意外，难以一招得手。所以在王侯卧榻之侧若发现寝戈，当非他人遗留之物，应是王侯用以自卫的自用兵器。

先秦时代，尚武成风，士以上阶级，好击剑操戈者所在多有，兵器上铭有其名的，应当确实是其人自用的兵器，并非虚言。曾侯乙寝戈，上有他的铭名，又放在他的身旁，应是他在寝室内用以自卫的兵器。曾侯乙非常喜欢戈，墓室出土文物中，显示他收藏了六十六把戈，其中三十八把铭有他的名号[7]，戈应是他擅长使用的兵器。曾侯乙似乎经常处于危机四伏的环境中，精神异常紧张，每晚都要枕戈待旦。

二、锋利长兵器

长兵器是短兵器的延伸。最早的长兵器就是一根长杆。此后，在长杆前端系上青铜制的锋利尖锐器，便成为戈矛等长兵器。锋利尖锐器直放（锐器中轴线与长杆中轴线重叠）成矛，用于直刺；横放（锐器中轴线与长杆中轴线垂直）成戈（啄戈），用于横击。戈矛是最早杆端装有尖锋利器，用以刺杀敌人的长兵器。

矛是全世界各民族所共有的原始兵器。在原始时代，矛的用法各民族都约略相同，但随着历史的发展，由于各民族生存环境的不同和战术上的差异，用法开始有所区别。矛在中国先秦时代名列车之五兵，其用法和非洲矛、欧洲矛都不相同。例如，欧洲的长矛方阵[9]就不可能在中国出现。长矛方阵战术生硬，缺乏变通，而且只有前锋，没有右翼、左翼和后卫，完全不符合中国兵家的用兵法则。后来欧洲的长矛方阵遇上了蒙古骑兵马上便全军覆没。蒙古骑兵用的正是秦俑骑兵的战术。

除戈矛外，此后又产生了戟。戟是什么？现代考古界一般都沿用郭沫若的说法，认为戈矛合一则成戟。但古籍中并没有此种说法。例如，《说文解字》中说："戟，有枝兵也。"[10]《释名篇》中说："戟，格也，旁有枝格也。"[11]许慎和刘熙一定都见过当时颇为流行的戟，他们对戟的描述必然可信。根据《说文解字》和《释名篇》的说法，再参考曾侯乙墓[7]出土各种形状不同的戟，可得到一个结论：主兵旁加枝兵就是戟。

什么是主兵？主兵就是最早、最主要的锋利长兵器，也就是戈或矛。什么是枝兵？枝兵就是指主兵之外，所加的旁枝横向锐器，即戈头。也就是说，如果主兵是矛，加上枝兵戈头，便是有刺的戟；如果主兵是戈，加上枝兵戈头，便是无刺（无矛头）的戟。曾侯乙墓中有两至三个戈头排成一列，但无矛头的长兵器，亦称之为戟。可见戟不一定要有矛头，但一定要有戈头。无矛头，而戈头多于一个的长兵器，也可称之为戟。兵马俑长兵器的杆柄都已腐朽，不清楚当年秦军是否有无矛头的戟。

西周春秋时代，两军交战以车战为主，当时所用的长兵器称之为“车之五兵”。据《周礼·夏官·司兵·郑玄注》，车之五兵即戈、殳、戟、酋矛、夷矛等五种长兵器。这些长兵器就插在战车两侧，车上车士视不同状况而使用不同的兵器。

殳是什么？殳大约最早出现于周代。《诗经》中有殳的记载：“伯也执殳，为王前驱。”[12]后人往往把在牧野之战中“血流漂杵”[13]中的杵视之为殳。实则杵应只是一根长棒（最早的长兵器），与殳并非同一物。后世把长棒称之为殳，应是受了汉代刘熙的影响。刘熙在《释名篇》上说：“殳，殊也，长丈二尺而无刃，有所撞挃于车上，使殊离也。”[11]从此，大家一致认定，殳就是一根无刃长棒。

古殳的具体形状是怎样的？车之五兵中的殳，真的是一根无刃长棒吗？曾侯乙墓[7]中，出土了前所未见的古殳。墓中出土的古殳共有三根，长约3.4米，上刻“曾侯越之用殳”。这三根明确标示为殳的长兵器，其头部是一根尖锐的三角棱形利器，三个棱面上都有血槽；因此我们得知，殳不但有刃，而且有三面利刃，殳头下面还有一圈满布棘刺的青铜球状箍。这种长兵器，直可刺，横可砸，威力很大。曾侯越是曾侯乙的先人[7]。曾侯乙是战国初期人；曾侯越应是春秋时期人。这根曾侯乙先人所传下来的殳，形状和刘熙所说的殳完全不同，应该就是春秋时代车之五兵中的殳。下文在无刃长兵器一节中，将再讨论古殳和刘熙殳的差别。

车之五兵长短不一。根据《考工记》[1]的记载：戈长六尺六（约1.65米），殳一丈二（约3米），戟一丈六（约4米），酋矛二丈（约5米），夷矛二丈四（约6米）。由此可知，功用不同的兵器，长度也不相同；劈砍用的戈较短，刺杀用的矛较长，可砍可刺的殳和戟，长度则在戈与矛二者之间。酋矛夷矛虽同用于刺杀，但刺杀目标距离有所不同，酋矛攻击目标较近；夷矛目标较远，可隔着辕马直刺对方。实际上，上列的数据只供参考之用，长兵器的长度不是一成不变的。例如，地面上步兵所用的兵器可短些，车上车士所用的兵器可长些。

长兵器的长度和使用者的体形和体质也有关系。“凡兵无过三其身”[1]，长兵器的长度以不超过使用者身高的三倍为原则。秦俑身高平均约为1.8米，最高的，如战车车士，身高接近两米，他们使用的长兵器，可达六米左右。兵马俑坑中，曾发现一条腐朽长杆遗留下来的痕迹，其长度为6.3米。估计这应是战车车士长矛遗留下来的痕迹，其作用应和车之五兵中的夷矛相似。但这条痕迹不一定就是兵器真正的长度，此痕迹很可能因人为的因素，如拖拉，或自然环境的影响，如流水冲刷等原因，而增加了长度。

先秦长兵器的强韧度值得研究。战车时代，四马拉一车，两车相对冲杀，冲力很大，如果长兵器的强度不足，很容易会折断。长兵器的青铜头部不长，一般不会产生过大的应力。长兵器的强度问题主要发生在长杆柄上。根据《周礼》郑玄注，古代兵器的长杆柄有“积竹八觚”的特殊复合结构。与出土文物[7]对照得知，那积竹八觚杆柄是一根非常考究的复合长杆，长杆的中心为一根坚实的木杆，木杆的横断面呈正八边形，杆的八个侧面贴上竹片，竹片外用丝线皮索紧密缠扎，再在外表上漆密封，杆端用铜套固定。《考工记》中，把这种长杆柄称之为“柲”，如“戈柲六尺有六寸”[1]。柲比后世武术用的白蜡杆要强韧得多。秦俑长兵器亦配有这种长柲柄[2]。

秦俑大军主要的实战长兵器有戈、矛、戟、铍等四种[2]。铍是什么？铍是在长柄前端加上短剑而成。铍很可能是春秋时代，由善于制剑的吴越人所发明。早期考古，对铍的实物所知不多，往往把长柄已腐朽的铍误认为短剑；把长柄未腐朽的铍误认为长矛。初期的铍就是把带有剑格剑茎的短剑，系在长杆前端而成，很容易辨别。但此后制作日益考究，铍的剑格（阑）消失，剑茎变成和矛茎一样的空心套（骹），长杆套入套洞（銎）中固定而成铍。铍的剑格剑茎等特征虽已消失，但铍最重要的特征，也就是铍的剑身形状还是存在，所以还是不难辨认。

以现存于湖北省博物馆的夫差矛为例，夫差矛于1983年在湖北江陵出土。夫差矛上有“吴王夫差自作用X”（见图四，插图篇，A4）八字篆体铭文。八字中最后一字笔画甚繁，出土时无法辨认是何字，湖北省博物馆认为此字是矛字，八字铭文则是“吴王夫差自作用矛”，因此便称之为夫差矛。夫差矛真的是矛吗？此字真的是矛字吗？

如果八字铭文最后一字真的是矛字，为何不用当时早已通行，而且书写简易的象形篆体矛字，而用一个如此复杂难写的字体？细察其形，可知此字实为一形声字，其左边为金旁，右边是一张兽皮，此字应是“铍”，此兵器上的八字铭文应是“吴王夫差自作用铍”（见图四，插图篇，A4）。此外，夫差矛的矛头有明显的剑身特征，形似勾践剑的剑身。所以“夫差矛”实际上应是“夫差铍”。

头部尖锐有刃的兵器，可用于点、线或面的攻击，点攻击就是刺，线攻击就是浅割，面攻击就是深割或砍断。

这三种攻击产生不同形状的伤口：点攻击的伤口是洞；线攻击的伤口是裂口；面攻击的伤口是深切口或断面。铍有较长的刃，可横砍直刺，具有点、线、面三种杀伤力。矛则刃较短，主要用于点和线性的攻击。

和车之五兵相比，秦军为什么以铍代殳？秦军为什么不用殳？古殳到了战国时代已逐渐消失，其原因可能与战国时代战争频繁、兵器折损率大增、殳构造复杂、无法大量快速生产有关。秦军以铍代殳，正好解决了这个问题。制造铍时，只需把大小合适，已经大量生产的短剑改装，再加上长柄便成，快速而方便。铍可横砍直刺，用法与殳相仿，但有优于古殳的砍割功能，又能够大量快速生产，所以秦军以铍代殳。

秦俑长兵器除了上述的戈、矛、戟、铍外，还有钺，和顶端是圆筒三棱锥（不是尖锐三角棱形）的仪仗殳[2]。钺发源甚早，安阳商代妇好墓中就有钺，但妇好钺体形甚大，应是做仪仗之用的，不是实战兵器。兵马俑坑所发现的钺，因资料不全，数目不详，无法定论。但如果此钺是在三号坑发现的，则可能是做仪仗或刑法之用。秦俑圆筒三棱锥仪仗殳属于无刃长兵器，详见下文。

先秦时代是一个学说思想的黄金时代，同时也一个崇尚勇武的鼎盛时期，很多兵器都萌芽于那个时代。由于时代的演进和战术的变化，兵器也跟着变迁。古殳首先消失，戈和铍也相继遭到淘汰，戟曾盛行于汉代，而矛却一直流传了下来。矛有很多不同的变体，后世为了适用于步战，矛杆逐渐缩短而成枪。但长矛并未完全消失，即使时至今日，在民间武术中，还有人演练那长达三米以上的长矛，只是不再称之为矛，而称之为大枪。

三、无刃长兵器

以上所谈的都是有利刃或尖刺的实战兵器。秦始皇兵马俑三号坑[2]和曾侯乙墓[7]都发现了一些无刃无刺长兵器，下面就谈谈这些兵器的性质和功用。

曾侯乙墓中出土了十四根墓中竹简称之为晋（晋殳）的长兵器。这些晋都没有铭文，应是卫士所用的兵器，不是国君自用的。晋与殳长度相当，杆端套有无刃无刺的青铜套，古籍中不见有晋的记载。晋这种兵器到底有何用处？车战时代，御者控制车行走势，决定所驾战车攻防战术；车士则配合车行走势，直刺横击，杀敌伤人。战场上，敌我冲杀，两车交错，生死立决，车士所用的长兵器要有尖锐锋利的头部，才能杀伤身穿重甲的敌人。晋无刃无刺，不适用于车战，应是做仪仗或警卫之用的。这个推断，可以从兵马俑三号坑中得到证实。

兵马俑一号和二号坑都是野战部队，坑中不见无刃无刺的长兵器。唯独三号坑中，有杆端套着无刃无刺青铜围套的长兵器[2]。三号坑是军幕，这些无刃长兵（即晋）应当是军幕卫士或仪仗队所用的兵器。今日考古界习惯把晋这种无刃无刺用于仪仗警卫的长兵器，称之为仪仗殳。

晋这种仪仗殳，本质上，和刘熙所说的殳完全不同。要想弄清楚刘熙所说的殳是何物，先得要弄清楚那是干什么用的。刘熙既把他所说的殳，列入《释兵篇》中，理应是属于兵器或军用物资一类。但它的用途却是：“有所撞挃于车上，使殊离也”，可知刘熙所说的殳，不是战车车士用来砍刺敌人的实战兵器，也不是警卫人员用来执法的警卫仪仗兵器，而是车辆发生碰撞时，用来把车撑开的工具。

刘熙所说的殳既是一种“使殊离”的工具，那会不会是两军交战时，用来把敌方战车撞开的兵器呢？不可能！两车交战，车上军士，凭一人之力，即使臂力千钧，也只是螳臂当车，无法以一根长棒抵挡那两车八马相对而来的冲撞动量。更何况，那刘熙殳长度只有丈二，对方只要用那长了一倍的夷矛，隔车远远一刺，便会被他撂倒。

那么，如果敌我双方战车碰撞时，战车上会备有一根无刃长棒，用来把车分开吗？战场上，两军会战，杀气腾腾，一片混乱，即使是讲究礼仪的春秋时代，战车发生意外时，敌我双方也是没有时间大家客客气气，互相协助把车撑开，慢慢修理的。

刘熙时，车战时代早已结束。他写书时，上距春秋时代至少已有七百年之久，车之五兵中的殳早已消失。刘熙既没见过真正的古殳，也没见过春秋时代的战车，他看到的不是春秋战车，而是汉代民间载人运货的马车或牛车。因此刘熙所说的殳，不是正式兵器，而是平常日子民间车辆发生交通意外时，用来把车撑开的工具。

大抵当时民间一般车上都备有一根长棒，一旦发生交通意外，如两车相撞卡住，或车轮陷入泥泞障碍之中，无法走动时，御者就用那根长棒，利用杠杆原理把车撑开。但若遇到紧急情况时，这根长棒确实也可以用来打斗。刘熙没见过古殳，他很可能把这根放在车上，既不是戈，也不是矛，更不是戟的无刃长棒，误认为就是传说中车之五兵中的殳，因而把它归入兵器一类，列入《释兵篇》之中。

刘熙《释名篇》中，对古汉语的考据，用的是声训法。声训法不是很严谨的法则，是否适用，视情况而定。如上文提到，刘熙因“戟”与“格”同音（汉音），因此他对戟的解释是“戟，格也，旁有枝格也”是可行的。但他根据“殳”与“殊”同音，就认定殳的功用就是“使殊离”，这就过于牵强了，显然是错误的。声训法最适用于对俗语、土话或方言的注译。

秦代由中尉统领的京城警卫仪仗人员，他们使用的兵器应与三号坑（军幕）秦俑警卫的兵器相同，也就是晋这类无刃长兵器。汉承秦制，汉初也由中尉统领京城的警卫人员，他们使用的兵器，当然也是晋。晋这种兵器到了汉初，称之为“金吾”。大初元年，汉武帝把中尉这个官职，也正式改称为“执金吾”[14]，秩中两千石，是个高官。金吾也是警卫人员的代称，每逢喜庆佳节，官府取消夜禁，黎民百姓，游乐终日，百无禁忌，警卫也不干涉，便称为

“金吾不禁”。

汉代为什么把晋称为金吾？金吾是什么？《汉书·百官公卿表》中，应劭注：“吾者，御也，掌执金革，以御非常。”又颜师古注：“金吾，鸟名也，主辟不祥，天子出行，职主先导，以御非常，故执此鸟之象，因以名官。”古籍中的注对后人读史很有助益，但其中亦有不少牵强附会、不知所云之处，甚至可能是完全错误的。例如《说文解字》，这本经典古籍就认定“止戈为武”之说，但自近代甲骨文发现后，已知此说之非。东汉的应劭上距汉武帝时代至少有二百四十年，唐代的颜师古就更远了，他们对汉武帝时的民间生活不见得有什么了解，只因见金吾与神圣天子出巡有关，便以“神鸟以御非常”去附会解释，把“金吾”一词弄得神秘莫测。

实则金吾一词，很可能是民间对晋的俗称，我们可以用声训法来探讨此词。上文已经说过，声训法不是很严谨的法则，但很适合用于对俗语和方言的考证，希望可以由此替我们开通一条探测的途径，能为晋和金吾找到一个合理的解释，不至于被神鸟引入歧途。

“金吾”是“晋”或“禁”的转音，根据声训法，“金吾”与“晋”同为“禁”之意，同为执行禁令的警卫仪仗兵器。试想那中尉统领巡游开道时，举起那手中的晋，沉声喝道：“禁……”那正是“金吾”二字的发音，黎民百姓就此把那金光闪闪的晋称之为“金吾”。同时又把那个统摄全场、威风凛凛、手执金吾的中尉高官，称为执金吾。汉武帝接受了民间这个响亮而有趣的称呼，把中尉这个官职，正式改名为执金吾。执金吾出巡，威风八面，人人敬仰，汉光武微时就曾说过，“仕宦当作执金吾”。他推翻王莽政权后，马上就把“执金吾”，这个被王莽改称为“奋武”的官职名称，恢复过来，可见他对这个官职和名称的喜爱。

声训法或有可议之处，但无论如何，春秋战国的晋、汉代的金吾，和秦俑三号坑所发现的无刃长兵器都是同类，同属于做警卫仪仗之用的仪仗殳，这是无可争议的。同时我们也可以肯定，刘熙所说的殳，不是金吾这一类警卫仪仗兵器。刘熙是汉代人，他对汉代金吾一定知之甚详，绝不会把金吾称之为殳。此外，外形也有不同，晋和金吾杆端都装有铜套，刘熙所说的殳则无铜套。

自从刘熙把殳解释为一根无刃长棒后，大家就根据他的说法，约定俗成，从此就把杵、棓、椎、杆、杖、棍、棒等无刃长兵器，一律划归为殳类兵器。

四、殳的分类

经过上面的分析，我们对殳得到一个比较清楚的概念。今日我们所说的殳，实际上包括了三种功用不同的古代长兵器：

（一）实战殳：这是正宗的殳，就是春秋车之五兵中之殳，也就是曾侯越所用之殳。兵马俑坑中已无此种兵器，可见最迟在战国末期，春秋古殳已消失。

（二）仪仗殳：仪仗殳是后世考古人员为春秋时的晋，汉代的金吾，或秦俑军幕卫士手中那种无刃长兵器所取的名称。这种殳只做仪仗、警卫或旗杆之用，不是军队的实战兵器。

（三）棍棒殳：是一根无刃长棒，包括杵、棓、椎、杆、杖、棍、棒等无刃长兵器，这是后人对棍棒一类长兵器的总称。棍棒殳的杆端一般没有青铜套。汉代刘熙所说的殳，是车上的备用工具，虽可用于打斗，但不是一种为搏斗而设计的正式兵器，亦可归入棍棒殳一类中。

[参考资料]

1.《周礼·冬官考工记》。

2. 袁仲一：《秦始皇陵考古发现与研究》，陕西人民出版社，2002 年。

3. 转动惯量是刚体转动时的惯性物理量，详情可参考材料力学书籍。

4. 美国在二战后开始研究以铬酸盐处理金属的防锈技术（Chromate Conversion Coating），利用铬酸盐溶液的强力氧化作用，使金属表面产生一层氧化保护膜。此膜有很强的防潮防锈功能。这种技术可以处理大部分金属，但以处理铜和铝的效果最佳。

5. 司马迁：《史记·秦始皇本纪》。

6. 以吴钩曲率最大处之点为例，此点至钩末端的长度，约为钩身全长的四分之一。劈砍时，如以此点为着力点，则力的方向与钩茎（把手）中线方向约成45度斜角。与受同样力的剑相比，钩身所产生的应力只有剑身的70%左右。

7. 谭维四:《曾侯乙墓》，浙江文艺出版社，2012年。

8. 左丘明:《左传·襄公二十八年》。

9. 希腊的长矛方阵（Phalanx），据说为亚历山大（Alexander the Great，前356—前323）之父，菲力普（Philip II of Macedon，前382—前336）所创。全阵由一群左手持盾、右手持长矛（Sarissa）的士兵紧密结集而成，长矛长4—7米。作战时，方阵前数排士兵举矛向前，全阵向敌军迈步前进，阵的左、右、后三方向都不设防。欧洲人自菲力普开始，一直以此阵作战。一千多年后，此阵遇到了蒙古大军。蒙古大军根本不和他们做正面冲撞，只派出一小队骑兵一轮猛射，方阵马上便东歪西倒，溃不成军。蒙古骑兵所用的战术与秦骑兵相同。

10. 许慎:《说文解字·戈部》。

11. 刘熙:《释名篇·释兵》。

12. 《诗经·卫风伯兮》。

13. 《尚书·武成》。

14. 班固:《汉书·百官公卿表》。

第十一篇　秦俑弩兵阵

［提要］何谓蹶张？何谓擘张？蹶张俑为何穿战袍？擘张俑为何穿短甲？秦俑二号坑中的弩兵队，所处的位置特殊，所排的队形怪异，原因何在？弩兵阵在孙膑败庞涓于马陵、白起坑赵军于长平、蒙恬北御匈奴、李广力抗强敌等战役中，有何功劳？

传说中，楚琴氏发明弩[1]，事实如何，已无可考。但弩确是起源很早，由弓演变而成。到了春秋时代，弩兵战阵的应用已很成熟，马陵之战就是最好的例子。据《史记》记载，孙膑攻魏救韩，在马陵狭道内埋伏万名弩兵，大败魏军，庞涓自刭而亡[2]。

到了战国时代，弩的设计更为精巧实用，以秦始皇兵马俑所出土的弩为例[3]，弩的前部装有弩弓（弩担），弓后系弩弦，弩弓固定在弩臂（弩托）上，弩弦拉开后，扣在弩臂后部的弩牙上。弩牙后有望山（准星），做瞄准目标之用。弩牙下有悬刀（扳机），可控制弩牙的上下。弩弦拉开后，装上弩箭，便可伺机待发。

弩因用于不同的情势，或不同的开弓方法，而有不同的称谓。战国末期，秦国有擘张、蹶张、连弩等不同功用的弩。连弩是什么？秦始皇为求长生不老之药，曾被江湖术士徐福诳骗出海，用连弩射杀大鲛鱼[4]。据《墨子》记载："（连弩）矢长十尺，以绳系箭矢端，如弋射，以磨鹿卷收。"[5]《墨子》所说的连弩是装在车上的，秦始皇那台连弩却装在船上。秦俑坑中不见连弩，秦俑坑中出土的弩应是擘张和蹶张。擘张用双手开弩拉弦，把弦搭在弩牙上后，便可装箭待发。蹶张强度很大，须用双脚蹬弓身，双手拉弩弦，才能把弦扣在牙上。

秦俑二号坑弩兵，有跪俑和立俑之分。跪俑身穿短甲，左膝屈蹲，右膝跪地。立俑则身穿战袍，无铠甲，左脚在前，右脚在后，右手屈肘，左手前伸，其立姿一如后世形意拳中的三体式。这些秦俑奇兵心无旁骛，目视前方，凝神聚气，步法稳健，静如泰山，动如脱兔，正显示出形意拳的特色！更巧的是，形意拳行拳走势，要求的正是"身如弓弩，拳似箭”！形意拳创于明末清初，上距战国时代约两千年，这虽是巧合，但亦可见中华武学古今相通！

秦俑弩兵，无论是立俑或跪俑，都是双手握弩，箭已上弦，左手托着弩臂与弩弓的交叉点位置，右手扣着弩臂上的悬刀，随时待命出击。弩兵箭上弦后，向敌射击前，立俑箭头朝地，跪俑箭头朝天，二者箭头都不能对着同袍，以免意外“走火”。这和现代士兵一样，现代士兵手提自动步枪，子弹上膛后，持枪射击前，自动步枪枪口不是指天就是指地，不可对着同袍。由立俑和跪俑双手持弩的距离可以看出，立俑所用的箭比跪俑的箭长，因而可以推断，战袍立俑持的是蹶张，短甲跪俑持的是擘张。秦军弩兵队，有战袍蹶张弩兵和短甲擘张弩兵之分，二者各有精专。

秦军短甲擘张弩兵不一定跪着射击，一旦组成弩兵阵后，发射时的姿势视情况而定，通常应是站着射击的。战袍蹶张弩兵也不是一直站着，通常应是站立射箭，射完后，因上弦需用双足蹬弓，所以上弦装箭时，应是弯身，或是踞在地上，双足蹬弓，双手拉弦。

蹶张射程远，适用于刚开战时远距离射击；擘张射程较近，适用于射杀中短距离内的敌军。战袍蹶张弩兵发箭时，敌军距离尚远，身旁四周并无敌人，可以不必穿甲，以便于弯身蹲下，用手脚同时操作强硬的蹶张。短甲擘张弩兵射击时，敌军已接近，受到攻击的机会大增，得要穿上铠甲护体。又因弩难以对付近身攻击的敌人，所以弩兵都需要有手执长短兵器的甲兵在旁保护。

秦箭镞设计成三面棱形，棱面磨制精密，飞行稳定快速。兵马俑坑中所发现的铜镞分小型和大型两种[3]。小型铜镞可用作擘张箭和蹶张箭的箭头，但蹶张箭的箭身（箭杆）较长。大型铜镞则可能不用于擘张箭，而仅用于蹶张箭，供蹶张射击远距离特殊目标之用。秦俑战车上应备有弩，不清楚是否有弓。在一号坑步兵中可能有少数弓。

弩是较为先进的兵器，弩的射程远，准确度高，威力也比弓大。射弩是一种“技术”，只要身强力壮，经过科学而规范的训练后，都能达到一定的水平。射弓则是一种“技艺”，连孔子都认为，射（指射弓）是一种“揖让而升，下而饮”的高雅艺术，名列周礼六艺之一。要想成为一名优良的弓箭射手，得要经过长期的身心训练，而且需要有相当的天分才行。所以训练射弩手比训练射弓手要容易，弩兵的训练期限也较短。但单兵射弩，并不足以显示弩的威力，弩的强大威力，要经由弩兵阵才能显示出来。

兵马俑二号坑中的大军是秦军特种部队，本书为了便于解说，把二号坑全体特种部队称为左军，把左军中四支不同的军种称为队，左军中计有弩兵队、骑兵队、车步骑混合队和战车队[3]等四队人马（见图二和图三，插图篇，A2、A3）。本书把左军中各队离开左军阵势出外作战的行动称为出阵，把左军弩兵队出阵后所排列的战斗阵形称为弩兵阵。左军弩兵队是兵马俑中一支很奇特的队伍，其他队伍出阵前和出阵后的队形不会有太大的变化，但弩兵队出阵前和出阵后，队形迥然不同。而且弩兵队所处的位置，和在左军阵势中的队形排列也很怪异（见图五，插图篇，A5）。

秦左军是负责奇袭的特种部队，这支特种部队由四支性质不同的队伍，组成一个紧密的大军，大军全体面向东方。弩兵队在左军东北角一个向外突出的位置上（见图三，插图篇，A3），骑兵队和车步骑混合队紧紧排列在弩兵队之后。现在有一个问题需要考虑：如果弩兵队停在东北角上不动，骑兵队和车步骑混合队接到出击命令后，是如何出阵的？

前路被挡，骑兵接到出阵命令后，只好全队向左转，向北出阵。但是全阵车马排列紧密，并无足以旋马之余地，骑兵队这一转，必然全军阵势大乱，人仰马翻。那车步骑混合队更不用说了，要出阵，得要全体向后转；但如此一来，兵车马匹岂不是要互相撞碰，乱成一团，哪里还能出战？那怎么办呢？唯一的答案是，当骑兵队或车步骑混合队接到出阵令时，弩兵队早已出阵，骑兵队和车步骑混合队前面（东面）并无任何障碍阻挡。秦军将领应早已定下作战要领，指定弩兵队是大军中第一支出阵的队伍。弩兵队出阵后，马上布下弩兵阵，待命射击。无论古今中外，两军会战时，首先使用的都是远射兵器，只是，古今所用的远射兵器有所不同，古代秦军用强弩，今人用导弹。

此外，由弩兵出阵前的持弩手势，亦可看出弩兵队是大军中最早出阵的队伍。弩兵队所有弩兵都是双手握弩，箭已上弦，左手托着弩臂，右手扣着悬刀，箭在弦上，一触即发，这正表示他们马上就要出阵射击。而其他持弩的兵种，如骑兵队，只用左手持弩，箭未上弦，他们还在等待出阵命令，出阵遇敌后再上箭射击。左军是一个部署缜密的大军阵，弩兵队出阵后，骑兵队和车步骑混合队都可随时向前（东）方出阵。战车队则不受弩兵队影响，随时可受命向前（东）方出阵。

弩兵除了要具有优良的射击技术外，更要能互相配合，互相协调行动。弩兵队在开战之初，已在大军前选择合适地点，因不同的环境情况，排成适当的弩兵阵。弩兵阵一般由数横排组成，射击时，各排必须要配合有序，轮番射击，立身射箭，跽身上弦，箭上弦后复射，射而后复上弦，如此才能循环不已、矢箭不绝。发射时，更要认清前无我军，队无乱阵，才能避免发生误射友军的糊涂事件[6]。

至于如何布下疑阵，如何埋下伏兵，则视当时情况而定。以马陵之战[2]为例，孙膑一入魏境，即以减灶之计，助长魏军骄悍之气。庞涓见齐军灶由十万减到三万，心中大喜，认为齐军“士卒亡者过半矣”[2]，于是领着能快速行进的车骑大军，日夜兼程，追赶齐军，却把那行动较慢，但便于在山坡、丛林、小道间作战的步兵，舍弃在后。

《史记》：“孙子度其行，暮当至马陵。马陵道狭，而旁多阻隘，可伏兵。”[2]孙膑早已在马陵狭道旁，草丛乱石之中，山坡土丘丛林阻碍之内，伏下万名弩兵。孙膑又在大树之上，斫皮露白，上书“庞涓死于此树之下”。他料定魏军到马陵时已是暮夜，庞涓必举火观看此八字留言。于是在暮色黑夜之中，万名齐国弩兵排好阵势，以逸待劳，确定前无我军，锁定射击范围后，身形便不再移动，只待火光一现，便万弩齐发。魏军果然中伏，大乱相失，庞涓自刭而亡，齐军乘胜追击，虏魏太子申以归[2]。

如前所述，秦弩兵队是第一支出阵的队伍。秦俑弩兵队，列队于二号坑东北角一个突出的特殊位置上（见图三，插图篇，A3）。此位置凸出于二号坑大军之前，也就是说，弩兵队东、北、南三个方向都是向外开放的（见图五，插图篇，A5）。弩兵队首先出阵的是战袍蹶张弩兵，由于三队战袍蹶张弩兵就排列在东、北、南三个出口方位旁，所以这三队战袍蹶张弩兵，可分别向东、北、南三个方向同时出阵，出阵后，便可在适当位置，快速组成一个蹶张弩兵阵。

如上所述，战袍蹶张弩兵有东、北、南三队，分别排在东、北、南三个出口。排列在弩兵队东边一排的战袍蹶张弩兵队（以下称东排蹶兵），人数虽少，但位置身份特殊，前有广阔视野，后有一排甲兵保护，可能是战袍蹶张弩兵中的精锐，负有特殊任务。他们的特殊任务应包括：（一）标兵任务。东排蹶兵出阵后，即到预定位置布下阵势，标明此处就是蹶张弩兵阵的中心。接着，弩兵南北两队战袍蹶张弩兵出阵后，以东排蹶兵阵为中心，向左右翼延伸列阵，快速布成蹶张弩兵阵；（二）打击任务。东排蹶兵可能携带特殊箭镞，例如大型铜镞箭，攻击特殊目标，先声夺人，以达到震慑敌军的效果；（三）指挥任务。东排蹶兵中可能有数人，担任整个蹶张弩兵阵的指挥、协调、和联络等任务。

战袍蹶张弩兵队出阵时，短甲擘张弩兵队全体单膝蹲跪，排列在军阵中部，待命出阵。短甲擘张弩兵全体蹲下的原因，可能与避免妨碍首先出阵的战袍蹶张弩兵队有关。战袍蹶张弩兵队出阵时，要眼观四面，耳听八方，需要有清楚辽阔的视野，看清敌我情势和四周地形地貌，才能快速建立弩兵阵地。二号坑弩兵队队形，看似怪异，实则全是为弩兵便于出阵布阵而设计。

弩兵不携带任何长短兵器，而且作战时要全神专注于瞄准射击，不能受到干扰，所以弩兵队出战时，四周要有手执兵器的铠甲士兵在旁保护，以防敌军潜近，以长短兵器近身偷袭。弩兵队中，有两队铠甲士兵，一队排在队伍东边，位于东排蹶兵之后，负责保护战袍蹶张弩兵队；另一队排在队伍中间最后两排，位于短甲擘张弩兵队之后，负责保护短甲擘张弩兵队。

秦军弩兵队出阵后，由哪一种弩兵首先出击，则视与敌方的距离而定，距离远时，由战袍蹶张弩兵出击；距离近时，则由短甲擘张弩兵出击。通常开战之初两军距离较远，此时首先出战的，当是战袍蹶张弩兵，待两军距离接近后，再由短甲擘张弩兵接下战袍蹶张弩兵的任务。

上面所谈的，主要是两军在旷野会战时的情况。但这不是一成不变的，兵法云“兵无常势，水无常形”，所以要“经之以五事，校之以计”才能定夺。长平之战[7]，秦军驻守在垒壁之内，白起设计袋形圈套，以垒壁正面为袋底，埋下伏兵，令前往挑战的秦军，佯败引赵军深入袋形伏兵阵中。秦军战袍蹶张弩兵和短甲擘张弩兵，依射程之远近，在垒壁正前方及两侧布下弩兵阵，静待时机。赵军追赶秦军直抵秦壁，深入秦军伏兵口袋之中后，秦军弩兵阵便开始连番射击，箭下如雨。赵军受创，前进不得，开始后撤[8]。但赵军已深陷秦军袋形伏兵阵中，此时还能撤退吗？

就在赵军追赶佯败秦军之际，阵容浩大的战车队已出阵。左军战车队前方（东方）无任何障碍，是左军中唯一不受弩兵队牵制，而可以在任何时机自由出阵的部队。赵军进入伏兵圈后，声势浩大的万人战车队突然杀出，关闭袋形伏兵阵袋口，一举截断赵军归路[8]。

此役赵军有四十万之众，仅靠秦军的万人战车队，不足以完全封杀赵军后路。但此时弩兵队早已出阵，并且已组成弩兵阵，所以，车步骑混合队和骑兵队向东的出口已畅通无阻。一万五千人的车步骑混合队，得以马上紧随战车队之后出阵，并于战车队截断赵军归路后，支援战车队，加强薄弱环节，巩固包围圈，完成初步围堵四十万赵军的任务[8]。同时，秦军骑兵队亦跟着出阵，直奔赵军垒壁，围点打援，斩断赵军粮道[8]。此役秦军四支特种部队全出，终于令赵军身陷重围，全军覆灭，主帅死于强弩之下。弩兵阵是胡服骑射的克星，秦军得胜长平，弩兵战阵，功不可没。

在蒙恬北抗匈奴的战役中，弩兵阵必然也曾发挥过极大的威力。匈奴精于骑术，长于弓箭，匈奴用的是一种复合弓，秦军若暴露在胡骑的弓箭射程之内，很难占到优势。秦军必须要利用强大的弩兵阵，威力超越匈奴弓箭的射程，才能阻挡匈奴骑兵的进攻。

根据兵马俑军阵的阵势，再参照《史记·蒙恬列传》的记载，可以推测蒙恬的战术。蒙恬为了对付行踪飘忽的匈奴骑兵，采取了步步为营、筑亭障、修长城，进可攻、退可守的战术。秦军以长城内为大本营，亭障为前进据点，两者互为犄角。出战时，在匈奴弓箭射程范围之外摆下弩兵阵，以强弩向匈奴骑兵连番射击，待重创匈奴后，再出动擘张骑兵、战车、步兵做全面进攻，歼灭余敌。根据《史记》记载，蒙恬筑城守篱，北却匈奴七百余里，胡不敢南下而牧马，士不敢弯弓而抱怨，有效阻止了匈奴的南侵。也由于蒙恬战术的成功，导致了秦始皇发起大规模修筑长城的计划。

秦军这套对付匈奴的战术，到了汉代尚有余威。汉元狩二年（前121），名将李广被左贤王以十倍的兵力包围，李广摆下圆形向外的弩兵阵应战。由于兵力悬殊，李广弩兵箭矢几尽，伤亡大半，为了保存实力，李广下令弩兵“持满毋发”（一如秦俑弩兵队中的弩兵，箭已上弦，持满毋发）。然后，他亲自用“大黄”强弩，远距离射杀一员匈奴裨将。估计这“大黄”强弩，应是一把造工精准考究的蹶张。这名匈奴裨将大概是在阵前挑衅，耀武扬威，惹火了飞将军！匈奴慑于飞将军的神勇和强弩的威力，不敢逼近，同时又见博望侯援军已至，终于解围而去[9]。

［参考资料］

1.《吴越春秋》。

2. 司马迁：《史记·孙子吴起列传》。

3. 袁仲一：《秦始皇陵考古发现与研究》，陕西人民出版社，2002年。

4. 司马迁：《史记·秦始皇本纪》。

5. 墨子：《墨子·备高临》。

6. 现代科技虽发达，但误射友军的事却屡见不鲜。据美国国防部公布，海湾战争（1990—1991）期间，美军死于友军误射人数占美军阵亡总数的23%。

7. 司马迁：《史记·白起王翦列传》。

8. 本书第八篇，《秦俑战术分析》。

9. 司马迁：《史记·李将军列传》。

第十二篇　秦俑骑兵队

［提要］秦骑兵手执强弩，身佩短剑，但不用长兵器。那是因为当时还未发明马镫所以无法用长兵器吗？他们为什么要佩短剑？秦俑骑兵是一支什么样的部队？负有何种特殊任务？汉代哪一位大将，基本上用的就是秦骑兵战术？

秦始皇兵马俑中的骑兵，手执强弩，身上可能佩有短剑，但不带任何长兵器。秦俑骑兵队在二号坑的西北角（见图三，插图篇，A3），共有一百二十个兵俑，队的前锋由六辆战车组成。骑兵身穿轻袍短甲，一手执缰，一手持弩，静立阵中。骑兵身后的战马，有马鞍而无马镫。阵中出土的兵器有弩、箭、剑，但不见长兵器[1]。

秦骑兵以弩为主要兵器，青铜剑并不适用于马战。骑兵身在马上，战马奔走如飞，马上挥剑，只能劈砍，不便于直刺。青铜剑强度不足，多砍几次便会折断。骑兵佩剑的目的，不是用于马战，而是一旦马死倒地，同时矢箭用尽，他便得脚踏实地，拔剑自保，参加战斗。这和立车或战车御手佩剑的目的相同。骑兵的短剑，应和安车的御手相同，是佩在正常部位，也就是在左腰侧的。骑兵骑在马上，把剑佩在左腰侧，不会妨碍他的骑射行动。

青铜剑既不适合于马战，那为什么不用长兵器呢？秦骑兵不用长兵器，一般的解释，是由于那时还没有发明马镫，骑兵要紧抓马缰，以致无法腾出双手使用长兵器[2]。此说不确，精于骑术的游牧民族，没有马镫，甚至没有马鞍，照样驰骋，而马缰只是用来控制行走的方向，与是否能稳坐马背上无直接关系。

事实上，秦国骑兵身在马上，双手不但腾了出来，而且还能手执强弩射杀敌军，其难度比手执长兵器要高得多。此外，汉代出土文物已经证实，骑兵俑手执长兵器骑在没有马镫的马上，是很平常的事。且看甘肃武威雷台汉墓（著名的“马踏飞燕”便出自此墓），此墓有各式青铜兵、马、车俑数十件。其中有十七件骑兵俑（现存兰州市甘肃省博物馆）全都手执和秦俑相同的长兵器，骑在和秦马俑一样有鞍无镫的马上。

秦骑兵不带长兵器，最主要的原因，应是长兵器在马上不实用，也不便携带的缘故。秦代长兵器长达三米以上，不能在身上佩带，马上也无处可放，只能提在手中。双手提了长兵器便无法用弩，只要敌方摆下车城障碍，埋伏下弓箭手，骑兵前进不得，高高在上的骑兵，马上便成为众矢之的，毫无还手的余地。

骑兵起源于游牧民族。骑射是游牧民族赖以生存的基本技能，无论狩猎还是打仗都离不开骑射。胡人骑射，不带长兵，偷袭突击，来去如风，防不胜防。当年赵武灵王从北方引入“胡服骑射”战术，顿使赵国成为一个军事强国。始皇时代，上距赵武灵王胡服骑射不足百年，秦人以养马起家，又与戎狄为邻，应早已熟悉骑射战术，知道骑兵的长处和缺点，同时亦已看出长兵器无法和骑射战术配合。因此，骑兵不携带长兵器，应是秦军将领订下的骑兵守则。秦骑兵的主要任务是组成快速灵活的弩兵阵势，远距离射击，不是近身相搏。

秦骑兵是一支特种部队，他们身穿短甲，手执强弩，背负箭囊，不带长兵，因而机动灵活，随时可以驰往指定地点，摆下固定或游击弩兵阵，对敌作战。骑兵队前的六乘战车是骑兵队的前锋，秦骑兵不带长兵器，不打近身之战，前锋战车应是用来对付敌方战车或步兵等兵种之用的。车上铠甲军士长于近身作战，有保护骑兵射手之责。秦军弩弓射手，无论是骑兵队射手还是弩兵队射手，都不带长兵器，只专注于用弓弩杀敌，所以需要有铠甲士兵就近保护，以免遭到敌军近身突击偷袭。战车车速可以配合骑兵的速度，进攻时，组成驱敌的车阵；停顿后，又可成为射手的掩体。秦骑兵实际上就是一支灵活快速的弩兵突击队。如前所述，秦俑大军是一支正在候命出击的野战大军，此时兵马俑骑兵队的领军大将不在阵中，他应在军幕中，正与其他高级将领研讨军情，接受军令。

长平之战，秦骑兵突击队曾发挥关键性的作用。此战一开始，秦军便以情报间谍战占了上风。秦对赵的军事情报了如指掌，略施小计，便使赵王任命以纸上谈兵著称的赵括为主帅。与此相反，赵军连秦军主帅已改用长胜将军白起都不知道。赵军不知己不知彼，打的是一场糊涂仗。白起神机妙算，他先以一支两万五千人的奇兵斩断赵军后路，完成包围圈，再以五千骑兵断绝赵军粮道和外援，以围点打援的战术大败赵军[3]。

我们可以从汉代名将李广的事迹中找到秦国骑兵的战斗法则。李广的先祖李信是秦始皇手下的一员大将。《史记》："广家世世受射。"[4]李广的骑射武艺得自家传。可以说，基本上，他承传了秦代骑兵的战术和战斗法则。

"李广才气，天下无双"[4]，他身高猿臂，精于骑射。据《史记》记载："广纳口少言，与人居则画地为军阵，射阔狭以饮，专以射为戏。"[4]军阵射艺已融入他日常生活之中，成为他的消遣娱乐。在他一生的征战生涯中只用弓弩杀敌，即使在近距离战斗中亦是如此。秦军骑兵有战车铠甲士兵保护，以免遭受敌军近身突击偷袭，但李广的骑兵队中并无手持长短兵器的铠甲士兵。《史记》载有李广对付敌军近身攻击的战法："其射，见敌急，非在数十步之内，度不中不发，发即应弦而倒。"[4]李广身旁无铠甲卫士，一旦遇到敌兵逼近，他还是用弓箭射杀。近身相博，得要反应快速，根据试测得知，现代军警虽身佩手枪，但如果在七米距离内突遇狂徒持刀冲前攻击时，也是无法及时拔枪自保的。李广以远射对近攻显然是很危险的事，所以有好几次发生了"其将兵数困辱，其射猛兽亦为所伤"[4]的状况。

汉代骑兵不用战车甲士近身保护，应与当时骑兵装备研发已有了突破有关。汉人为了对付行踪飘忽的匈奴，大力发展骑兵，研制出便于携带，而且强度足以用来劈砍，适合马战的钢制长刀。这里所说的钢，是当时用先进折叠锻打技术所炼出来的百炼钢。汉刀（环首刀）直而不弯，刀身外型和秦剑相似。以现存于中国历史博物馆的"永初六年汉刀"为例，该刀长 111.5 厘米，略长于秦剑。两者最大的不同是，秦剑为双刃，汉刀为单刃。汉刀刀刃的另一边为平厚的刀脊，因此，刀身的截面积较大，产生的应力较小。又因应用先进的锻打技术，刀的强度大增，故可用于砍劈。

汉代骑兵配有环首长刀，远用箭，近用刀，不需战车甲士近身保护，战术更加机动灵活。但李广临阵作战时，还是只用他祖上传下来的秦军骑射技艺，虽近身相搏，还是只用弓箭，不用长刀，所以才会发生上面所说的“其将兵数困辱，其射猛兽亦为所伤”等事。《史记》记载李广唯一用刀的一次，竟是他因失道，为了免受“刀笔吏”之辱，因而用佩刀自刭而亡。李广作战只用弓箭，不用其他长短兵器，正是秦骑兵的战斗法则。

秦军将领熟知骑兵的优点和缺点，知道骑兵适用于突击偷袭，不适用于正面强攻。事实上，以手执长短兵器的骑兵向敌方主力正面冲杀，从来就不是一个好主意，一旦遇到高明的对手，必然会损失惨重。宋代金兵的无敌拐子马遇到了岳家军便被杀得人仰马翻；明代剽悍的鞑靼铁骑，遇到了戚家军，也是全军覆灭，有去无回。

最惨烈的，可以说是咸丰十年（1860）清末骁将僧格林沁在八里桥对英法联军之役。僧格林沁的蒙古锐骑以血肉之躯对着联军的炮火猛冲。结果一仗下来，三千劲旅只剩下七人。如果他能采用白起长平战术，先在阵前虚张声势，诱敌深入绝地，然后轻骑突出，迂回包抄，断其海上补给后路，英法联军必然军心大乱。再乘机利用地形地貌掩护，突击偷袭，即使用的是两千多年前的秦式强弩，结果也会比用骑兵硬冲要好得多。可惜他谋略不足，未能知己知彼，反而用己之短攻敌之长，以至全军覆没。

［参考资料］

1. 袁仲一：《秦始皇陵考古发现与研究》，陕西人民出版社，2002 年。

2. 秦代骑兵因无马镫，所以不用长兵器之说，不知始自何人，但散见于介绍秦俑骑兵的书报杂志中。

3. 司马迁：《史记·白起王翦列传》。可参考本书第八篇《秦俑战术分析》。

4. 司马迁：《史记·李将军列传》。